CHRISTINE DOHLER

Rauhnächte mit Kindern erleben

GOLDMANN

Christine Dohler

RAUHNÄCHTE MIT KINDERN ERLEBEN

Eine magische Reise für die ganze Familie

Die schönsten Rituale, Bräuche und Meditationen für die Zeit zwischen den Jahren

GOLDMANN

FSC® www.fsc.org
MIX
Papier | Fördert gute Waldnutzung
FSC® C004378

Penguin Random House Verlagsgruppe FSC® N001967

5. Auflage
Originalausgabe September 2022

Illustrationen: Kapitelöffner der zwölf Rauhnächte: shutterstock/GoodStudio; Elfen: Adobe Stock/ninamunha, Adobe/Stock/shyshell;
Glitzer: Adobe Stock/Rogatnev
Umschlag: Uno Werbeagentur, München
Umschlagmotiv: FinePic®, München
Redaktion: Antonia Zauner
SC · CB
Satz: Satzwerk Huber, Germering
Druck und Bindung: PBtisk a.s., Příbram
Printed in Czech Republic

ISBN 978-3-442-22360-2

Für David, Rosa, Sophia, Liam, Jarne, Jonna,
Alena, Mattis, Clara, Elsa, Anna und Newton

»Wir sind nicht für alle sichtbar,
hörbar und spürbar. Nur für diejenigen,
die neben den Augen auch ihr Herz für
uns öffnen und das Magische wahrnehmen.
Und das ist oft unsichtbar.«

Elfe Njóla

Inhalt

Vorwort

Herzlich willkommen! Bevor unsere magische Reise durch die Rauhnächte beginnt, möchte ich mich gern vorstellen. Ich bin Christine und werde euch gemeinsam mit der isländischen Elfe Njóla durch diese geheimnisvolle Zeit um den Jahreswechsel begleiten. Ich hoffe, es ist okay, wenn wir uns duzen – schließlich werden wir eine Weile miteinander auf Tour sein.

Meine Leidenschaften sind seit vielen Jahren die äußeren und inneren Reisen. Schon sehr oft habe ich meine Koffer gepackt, um an anderen Orten der Welt neue Menschen, Inspiration und letztlich auch mich selbst besser kennenzulernen. Als Journalistin und Geschichtenerzählerin sauge ich die Welt in mich ein und lasse sie in Worten wieder heraus.

In mir ist die Sehnsucht lebendig, mich und das Leben tiefer zu ergründen, enger mit dem Zyklus der Natur zu leben, mich mit der Weisheit von Märchen, Sagen, Orakeln und Geschichten zu beschäftigen.

So entdeckte ich auch die Mystik der Meditation und lernte viel darüber in Klöstern und bei Retreats in Nepal,

Bali, Japan oder im Allgäu sowie bei Reisen zu alten Ritualstätten und sagenumwobenen Orten. Im Alltag erlebte ich, was Spiritualität in meinem Leben bedeutet und wie sie mich unterstützt, meinem wahren Sein noch näherzukommen. Heute gebe ich mein Wissen und meine Erfahrungen als Meditationslehrerin und Achtsamkeitstrainerin für Kinder sowie Erwachsene weiter.

Meine Reisen führen mich vor allem immer wieder nach Island, das nun gefühlt meine zweite Heimat ist. Schon als Kind war ich von der Serie »Nonni und Manni« begeistert, die damals im ZDF als Weihnachtsserie (1988) ausgestrahlt wurde und bei der es um das Familienleben auf Island geht. Ich war völlig fasziniert davon, dass man so nah an der Natur leben kann: mit den kleinen Islandpferden in menschenleeren Gegenden ausreiten und Vulkane aus der Nähe erleben.

Als junge Erwachsene erfüllte ich mir dann den Traum und flog das erste Mal auf die weit nördlich gelegene Insel, die vor allem durch ihre vielen aktiven Vulkane, heißen Quellen und Geysire, aber auch die lebendige Verbindung zu Mystik und alten Sagen bekannt wurde. Nirgendwo anders auf der Welt findet man diese grandiose Natur voller Extreme: jahrtausendealte Gletscher, von Lava geformte Landzungen, schroffe Küsten, vor denen riesige Wale vorbeischwimmen und warme Flüsse, die durch eisige Landschaften fließen. Es ist wahrlich das Land aus Feuer und Eis.

Auf Island habe ich gelernt, wie verbunden Menschen mit der Natur und demnach auch den Jahreszeiten sein können. Die Sommer sind kurz und hell, die Winter lang und dunkel. Grob gesagt: Der Sommer ist dafür da, draußen zu sein, das Leben zu genießen, Freude zu spüren, Sonne zu tanken und aktiv zu sein. Der Winter ist dafür da, drinnen zu ruhen, bei Kerzenlicht, gemütlich. Zu reflektieren, zu träumen, zu wünschen, kreativ zu sein und die Verbundenheit mit anderen Menschen zu spüren.

Seit mehr als zehn Jahren reise ich nun jedes Jahr nach Island und habe Sommer wie Winter kennengelernt. Es ist unglaublich schön, noch bei Mitternacht in einem warmen Fluss zu baden oder im Moos zu liegen. Auf einer meiner Reisen hatte ich plötzlich das Gefühl, nicht ganz allein in der Natur zu sein. Es fühlte sich an, als würde mich jemand kitzeln. Ich riss die Augen auf, aber sah nichts als fast neongrünes Moos auf unzähligen Steinen.

Dann erinnerte ich mich, dass Island auch das Land der Elfen ist. Die magischen Wesen werden als Kulturgut geachtet, und in der Natur findet man viele freie Stellen, die den Wesen überlassen werden. Übrigens hält sich hartnäckig das Gerücht, dass es in Island eine Elfenministerin gibt. Das ist nicht ganz richtig und klingt vielleicht auch etwas lächerlich. Es stimmt aber, dass bei Bauvorhaben geprüft wird, ob dabei Kulturgüter beschädigt werden, wozu auch Felsen gehören, die nach der isländischen Folklore als Unterschlupf für Elfen dienen könnten. Hierzu wurden in der Vergangenheit auch schon mal Spezialistinnen wie die Autorin und Klavierlehrerin Erla Stefánsdóttir beauftragt, die als Dolmetscherin für das *Huldufólk* (»Verborgene Volk«) galt.

Es gibt heute noch Karten, auf denen die Orte der Elfen eingezeichnet sind. Diesen Respekt gegenüber magischen Orten finde ich ganz wundervoll, und ich kann nur jedem raten, selbst mal nach Island zu reisen, um das zu erleben. Ganz egal, ob man einen Bezug zu Elfen hat oder nicht.

Anfangs führten mich noch meine isländischen Freunde und Freundinnen zu diesen Orten, bis ich selbst ein Gespür dafür bekam: Es sind besonders stille und abgelegene Flecken in der Natur, meist Hügel. Oft wächst dort hellgrünes Moos, und ein plätscherndes Gewässer bahnt sich seinen Weg. Elfen sind für mich fröhliche und kommunikative Wesen, die mich an die Lebendigkeit der Natur und das Unsichtbare erinnern. Wenn ich sie spüren will, muss ich innehalten und alle meine Sinne öffnen, während ich im Fluss bade oder durch die Landschaft spaziere.

Auf Island gibt es kein wirkliches Bild der Elfen. Natürlich haben Menschen sie gemalt, aber wenn ich meine isländischen Freundinnen frage, geht es ihnen bei den Elfen gar nicht so ums Aussehen oder ob es sie gibt oder nicht, sondern eher um die Energie, die sie ausstrahlen. Sie sehen auf jeden Fall nicht aus wie Weihnachtselfen, sondern mehr wie kleine, filigrane, flackernde Wesen. Ob an bestimmten Orten auf Island nun Elfen zu finden sind oder nicht, ob man sie sehen, hören oder spüren kann oder nicht, eins steht fest: Ihre Plätze in der Natur sind magisch. Sie leben natürlich auch außerhalb von Island, aber da sie dort eine Wertschätzung als Naturgut haben und viel freie Fläche, trifft man sie in diesem Land leichter.

Elfen sind friedvolle, neugierige und freundliche Wesen und eignen sich dadurch perfekt als Reisebegleiter. Deswegen habe ich für dieses Buch die isländische Elfe Njóla eingeladen, die den kleineren Wesen in der Familie, den Kindern, alles speziell auf Augenhöhe erklären wird. Ich habe sie von meiner letzten Island-Reise mitgebracht (ja, Elfen können auch reisen, sogar ohne Pass oder sonstige Zertifikate!) – das schönste Souvenir, das man sich vorstellen kann. Auch wenn ich seitdem ständig meine Schlüssel suche. Denn eine Elfe im Haus zu haben, ist in etwa so, als lebte man mit Pumuckl unter einem Dach. Aber ich liebe ihre lustige, lebendige und verspielte Art. Und diese Freude teile ich gern! Deswegen habe ich meinem Patenkind Jarne, der als Zauberer einen besonderen Bezug zum Magischen hat, auch eine Elfe mitgebracht. Erst war er überfordert und fragte die liebevoll durchgeknallte Tante: »Und jetzt?« Ich wollte einfach, dass er seine Fantasie und Wahrnehmung benutzt. Ein paar Wochen später bekam ich ein Bild als SMS geschickt: Er konnte den Elf, wie er ihn nennt, sogar ganz detailreich aufzeichnen. Na siehste!

Dieses Buch soll als Inspirationsquelle dienen, die nicht nur eine Brücke zu den Bräuchen der Rauhnächte und der darin enthaltenden Mystik und Magie schafft, sondern letztlich auch eine Brücke zu einem bewussten Leben, das man das ganze Jahr über mit kleinen Ritualen und magischen Momenten praktizieren kann – allein und mit den Menschen, die einen umgeben.

Die Rauhnächte können eine Entdeckungsreise sein, ein wunderbarer Auftakt, mehr achtsame Momente in das Familienleben zu bringen. Sie sollen Lust und Laune darauf machen, mehr wahrzunehmen, eng mit sich selbst, der Natur und unseren Wurzeln verbunden zu sein. Und vor allem geht es um den Raum und die Zeit, alles das zu tun, was vielleicht während des Jahres zu kurz kam: Ruhe, Entschleunigung, Gefühle wahrnehmen, Waldspaziergänge, Gruppenkuscheln oder Pyjama-Tage.

In dieser Zeit zwischen den Jahren mache ich vor allem, was mir Freude bringt, was ich von Herzen gern tun möchte. Und wenn es einfach nur aus dem Fenster gucken ist. Jedenfalls lasse ich keine unwichtigen Termine zu, mache den Computer und das Handy, so oft es möglich ist, aus und nehme mir nicht viel vor. Ich lasse die Tage kommen und gehen, ohne viele Pläne zu schmieden.

Die dunkelsten Tage des Jahres bringen oft vieles in mir zum Vorschein, ich bin dann nicht immer gern unter Leuten, sondern kuschle mich mit Tee und Kerzenschein auf mein Sofa und möchte wahrnehmen, was sich mir zeigt. Ich schlafe mehr und bin nicht so aktiv wie im Sommer. Ich finde es normal und gut, sich den Jahreszeiten anzupassen. Ich genieße es, bestimmte Rituale zu pflegen, wie Träume aufschreiben oder Wünsche verbrennen (dazu später mehr). Und ich baue durchaus auch übliche Bräuche ein: Silvester verbringe ich immer im Kreis von Freunden, und wir orakeln beim Bleigießen, indem wir die Schatten deuten, die unsere Objekte werfen.

Aber wir finden inmitten der Feierlichkeiten auch einen meditativen Moment, in dem wir für ein paar Minuten innehalten, das vergangene Jahr dankend verabschieden und das neue willkommen heißen.

Im Alltag hat man nicht immer Zeit, in die eigene Gefühlswelt einzutauchen und sich neu auszurichten. Aber wann, wenn nicht an den ruhigen Tagen am Jahresende, ist die perfekte Gelegenheit, sich fallenzulassen, um dann optimistisch in ein neues Jahr voller Wünsche, Träume, Visionen und guter Vorsätze zu gehen?

Ich wohne in einem kleinen, hellblauen Holzhaus in Hamburg, das wie eine Mischung aus einem Hexen- und einem Schwedenhaus aussieht. Um mich herum grenzen noch weitere Häuschen und Gärten an – ein Kleinod in der Stadt. Ich und meine Nachbar:innen nennen es das Hinterhof-Dorf. Hier gibt es ganz besondere Wesen. Neben Igeln, Maulwürfen und Eichhörnchen lebt hier auch ein Frechdachs: meine zwei Jahre alte Nachbarin, die mich fast jeden Tag besuchen kommt, um mit mir Blumen zu gießen oder Märchen wie das von der Entenprinzessin zu schreiben. Sie bringt mit ihrer frechen, fröhlichen und neugierigen Art so viel Freude in mein Leben! Als sie erfuhr, dass nun auch Elfen ins Hinterhof-Dorf eingezogen sind, hat sie gar nicht lange gezögert und mir einen ihrer bemalten Steine geschenkt. Auf ihm sind zwei kleine Wichtelhäuschen in Pilzform zu sehen. Njóla war sofort begeistert von der Hilfsbereitschaft und ihrem neuen Schlafplatz im Hinterhof-Dorf.

Für mich ist es ein großes Geschenk, so viele magische Kinder zu kennen und mit ihnen Zeit zu verbringen. Sophia, die mit acht Jahren ihre eigenen Geschichten über Donuts schrieb, die in der Einhornschule zu magischen Wesen wurden. Liam, der schon mit zwei Jahren so ausgelassen tanzen konnte, dass man nur über so viel innere Freiheit staunen kann. Mein wundervolles Patenkind Clara kenne ich seit ihrer ersten Lebenswoche, und ich kann gar nicht glauben, dass sie nun schon ein zauberhaftes Mädchen ist und so viele Bücher liest, dass sie mir schon Lesetipps gibt. Mattis, der es liebt, in Blumenbeeten zu sitzen und mal einen Regenwurm mit mir teilte (es war ein lieber Gedanke!). Anna, die mir voller Stolz ihre Schildkröten zeigte und sie so liebt, dass ich die Tiere nun noch spannender finde. Jonna, die rosa als Farbe und bunte Kleider genauso mag wie ich, und der es egal ist, was andere über sie denken. Sie sagt mir oft, wenn ich mir um etwas Gedanken mache: »Ach, das ist doch egal, Tante Tine!« Das Leben darf noch leichter sein, das kann ich immer wieder von ihr lernen. Und dann gibt es noch Newton, meinen Patenhund. Er liebt Bananen zum Frühstück und Sonne auf seinem schwarzen Pelz. Mit ihm habe ich viel Zeit in den Wäldern und an den Stränden von Schweden verbracht. Und es gibt kaum etwas Schöneres als unsere kleinen wiederkehrenden Momente, wenn er sich abends in meinen Schoß kuschelt, wenn ich lese und er dann schläft (Newton ist riesig, aber denkt, er sei noch so klein wie ein Welpe!). Sie alle erinnern mich auch ein bisschen an die Elfen.

Alle diese magischen, liebevollen und fröhlichen Wesen sind meine Inspiration. Mit der Liebe für sie und alle anderen Kinder, Tiere und magischen Wesen schreiben ich und Njóla dieses Buch. Mit ihnen habe ich die Meditationen, Übungen und Rituale getestet und erprobt. Und dabei hatten wir sehr viel Freude – die ich nun allen großen und kleinen Leser:innen wünsche.

Von Herzen,
Eure Christine

Ich bin's, deine Njóla!

Liebes Menschenkind,

ich bin die Elfe Njóla, und ich freue mich sehr, dich kennenzulernen. Ich unterstütze Christine, dieses Buch zu schreiben. Während sie in ihrem kleinen Hexen-Häuschen in Hamburg am Computer sitzt und tippt, hocke ich auf ihrer Schulter und flüstere ihr von Zeit zu Zeit ins Ohr, was ich dir sagen möchte.

Ich komme aus Island, und mein Name bedeutet in altnordischer Sprache »Nacht«. Ich bin eine Wiesen-Elfe, lebe in einem bunt bemalten Stein in Christines Garten und meine Lieblingsspeise ist Honig. Mhhmm, der ist so schön süß und klebrig!

Ich liebe es, im Moos zu hüpfen, weil das so fluffig ist, und ich bin superneugierig. Ich mag es, neue Dinge zu probieren: an einer schönen Blume schnuppern, Menschen kitzeln oder ihre Brillen verlegen, damit sie suchen und sich dann freuen, wenn sie sie wiederfinden. Manchmal mache ich auch anderen heimlich eine Freude. Ich repariere ihr kaputtes Fahrrad, bespritze sie an heißen Tagen mit Wasser oder kitzele sie so lange, bis sie kichern müssen.

Besonders gern fliege ich in der Natur herum und bestäube Blumen oder schütze Blätter mit Elfenstaub, damit sie nicht von Schnecken angenagt werden. Wo ich bin, geht es der Natur gut. Aber dafür ist es wichtig, dass diese Orte ruhig sind und nicht überall Müll herumliegt. Den mögen wir Elfen gar nicht. Der stinkt so!

Vielleicht bist du ja auch so lustig und neugierig wie ich und möchtest mich auf der Reise durch die Rauhnächte begleiten, um etwas Neues zu erleben. Die Rauhnächte sind zwölf besonders magische Nächte mit den Weihnachtstagen und Silvester, die du sicherlich mit deiner Familie verbringst.

Für diese besondere Reise werden wir nicht wirklich die Koffer packen und irgendwo hinfahren. Man kann schließlich auch eine Menge erleben, wenn man träumt, sich Dinge ausmalt oder draußen in der Natur vor der Haustür ist. Gemeinsam werden wir deine Welt neu entdecken und erkunden.

Vielleicht wirst du mich nicht sehen, oder ich sehe für dich ganz anders aus als auf den Zeichnungen in diesem Buch. Das ist normal. Wir sehen für jeden etwas anders aus. Eins will ich dir verraten: Ich bin klitzeklein. Aber es spielt keine Rolle, ob man klein oder groß ist. Ich kann trotzdem etwas bewirken. Denk mal an eine Mücke! Sie kann einen Menschen die ganze Nacht wach halten, stimmt's? Hihi!

Achte einfach darauf, ob du dich mal gekitzelt fühlst. Das ist immer das beste Zeichen, dass ich bei dir bin. Oder wenn du eines deiner Spielzeuge plötzlich an einem ganz anderen Ort findest oder deine Eltern ihre Schlüssel suchen. Möglicherweise war ich ja da und habe euch einen kleinen Streich gespielt, auch wenn du mich vielleicht nicht gesehen hast.

Und du weißt ja, dass ich Honig liebe. Es wäre also sehr nett, wenn du mir eine kleine Schale hinstellst. Dann kann ich mich ein bisschen stärken, während ich von Kind zu Kind fliege. Danke! Und vielleicht legst du einen schönen Stein, den du in der Natur gefunden hast, neben dein Bett oder in den Garten, wenn ihr einen habt. Dann kann ich darin schlafen und mich ausruhen. Eine Socken-Schublade nehme ich sonst auch als Bett. Manchmal schlafe ich tagsüber, wenn ich in der Nacht aktiv bin. Wenn du magst, kannst du den Stein auch bemalen und mit buntem Papier oder Glitter bekleben. Schau mal in deiner Bastelkiste oder frag deine Eltern.

Ich komme zwar aus Island, aber ich bin auf der ganzen Welt zu Hause und kann ganz schnell woanders hinfliegen, denn ich habe leuchtend goldgelbe Flügel wie ein Schmetterling. Wenn du willst, dass ich dich besuche, dann schick mir einfach das schönste Lächeln, und vielleicht hörst du dann auch mein Lachen, wenn ich da bin. Es klingt glockenhell, und manchmal kann ich gar nicht mehr aufhören zu lachen weil ich alles so lustig finde. Kennst du das Gefühl?

Und wenn ich es eilig habe, dann sehe ich manchmal aus wie ein kleiner Blitz, hellgrün flackernd. Ein bisschen wie ein Glühwürmchen.

Wenn du mich nicht siehst, dann liegt das auch daran, dass ich schüchtern bin und mich gern verstecke oder so tarne, dass ich zum Beispiel auf der Wiese nur schwer erkennbar bin. In Gärten, auf Dachböden, inmitten einer Blumenwiese oder unter Steinen fühle ich mich besonders wohl, also finde mich! Noch ein paar Tipps: Wir fliegen gern mit Schmetterlingen, wir hinterlassen winzige Fußspuren, wir graben kleine Höhlen in die Erde oder in Baumstämme oder wir sitzen auf wippenden Blättern.

Und eins möchte ich dir noch zuflüstern: Nur weil Erwachsene sagen, dass es uns nur im Märchen oder in Büchern gibt, muss das nicht stimmen. Wir sind eben nicht für alle sichtbar, hörbar und spürbar. Nur für diejenigen, die neben den Augen auch ihr Herz für uns öffnen und das Magische wahrnehmen. Und das ist oft unsichtbar.

Deine Njóla

KLEINE GEBRAUCHSANWEISUNG FÜR DIESES BUCH

Nach einem einleitenden Teil folgen Kapitel zu den einzelnen Rauhnächten, beginnend mit dem 25. Dezember. Sie umfassen die Zeitspanne von Mitternacht zu Mitternacht und enden mit der Nacht vom 5. auf den 6. Januar.

Grundsätzlich sind die Textteile, die mit der Elfe Njóla gestaltet sind, für die Kinder zum Vorlesen und/oder Selbstlesen. Aber natürlich stehen auch in den Texten, die sich an die Erwachsenen in der Familie wenden, interessante Zusatzinfos, die gern geteilt werden können. Die Alters- und Zeitangaben dienen lediglich zur groben Orientierung. Die Übungen sind für die ganze Familie und insbesondere für Kinder zwischen vier und elf Jahren gedacht.

Als Faustregel gilt, dass Kinder ab etwa drei Jahren kleine Achtsamkeitsübungen machen und sich doppelt so lange wie ihr Lebensalter konzentrieren können: Ein fünf Jahre altes Kind kann also etwa zehn Minuten meditieren. Aber das muss nicht für alle gleich sein, denn logischerweise sind alle Kinder verschieden und haben unterschiedliche Aufmerksamkeitsspannen und Interessen. Ihr als Eltern beobachtet und wisst intuitiv am besten, welche Übung euren Kindern wie lange Freude macht.

Jedes Rauhnacht-Kapitel enthält Ideen, Anregungen und Impulse, den Tag zu gestalten. Es gibt Rituale, die man jeden Tag machen kann, und es gibt Anleitungen für kleine Übungen, Meditationen, Geschichten oder Ritualideen für jede einzelne Rauhnacht.

Es gibt grundsätzlich nichts, was man wirklich falsch machen könnte. Wichtig ist nur, dass man die Rituale mit einer klaren Intention und Haltung ausübt – und so bewusst wie möglich. Und nur, wenn man wirklich Lust darauf hat. Ein Beispiel: Wenn ihr einen Wunsch aufschreibt und dann verbrennt, dann tut das nicht mit einer Erwartungshaltung, sondern mit der Hoffnung, dass dieser Wunsch sich erfüllt – auf seine Art und zu seiner Zeit.

Die Übungen und die Rituale für Kinder sind so aufgebaut, dass man nicht viel dafür braucht, keine Spielzeuge oder komplizierten Techniken. Damit sollen Kinder einen Zugang dazu finden, sich mit sich selbst oder ihrer Umgebung natürlich zu beschäftigen. Die Anleitungen sind flexibel und können individuell angepasst werden.

Die Anregungen und Ideen in diesem Buch sind als Vorschläge zu verstehen, denn es geht vor allem darum, nicht noch mehr To-dos, Pflichten und Aufgaben zu haben, sondern einfach die Freiheit zu genießen, etwas Neues auszuprobieren, und davon dann bestenfalls etwas mit in das nächste Jahr zu nehmen, damit wir mit uns, unserem Leben und unseren Mitmenschen besser auskommen. Damit unser Leben leichter, bewusster und freudvoller wird und wir erkennen, dass wir uns viel Stress, so manche Ängste und vor allem Sorgen selbst machen.

Eins ist dabei natürlich besonders wichtig: dass Kinder den Raum bekommen, viele neue Entdeckungen zu machen. Sie sollen eingeladen werden, ihre Erlebnisse, Gefühle und Wahrnehmungen zu teilen und damit auch zu verarbeiten – ohne Leistungsdruck, Bewertung oder zu strenge Vorgaben.

Ich empfehle, jeden Morgen das entsprechende Kapitel zu lesen und die Impulse mit in den Tag zu nehmen. Schaut, was euch Freude bringt. Das ist das Wichtigste. Es geht nicht darum, etwas zu leisten oder abzuarbeiten. Oder sich zu stressen, alles zu »schaffen«. Die Rauhnächte kommen schließlich verlässlich jedes Jahr wieder. Wenn ihr dieses Mal nur einen Impuls mitnehmt, kann das schon viel verändern.

Und noch eine kleine Anmerkung: Es ist mir bewusst, dass Familien ganz unterschiedlich zusammengesetzt sind: alleinerziehende Elternteile, gleichgeschlechtliche und/oder binationale Elternpaare, Patchwork-Familien mit mehreren Elternteilen und vieles mehr. Oder vielleicht bist du Patentante oder -onkel? Ich habe versucht, die meisten Passagen so neutral wie möglich zu formulieren. Wenn es mir nicht immer gelungen ist, bitte ich um Nachsicht und darum, dies beim Vorlesen entsprechend anzupassen. Danke!

Kapitel I

Was sind die *Rauhnächte?*

Die Rauhnächte vom 1. Weihnachtstag bis zum Dreikönigstag erleben seit ein paar Jahren ein Revival: Immer mehr Menschen entdecken die Kraft der bewussten Besinnung und den ganz besonderen Zauber dieser Tage: Sie führen Traumtagebücher, zelebrieren kleine Rituale und versuchen, diese Zeit zur inneren Einkehr zu nutzen.

Der Ursprung des Wortes ist nicht genau geklärt. »Rauh« könnte aber naheliegend auf das mittelhochdeutsche Wort »rouch« (Rauch) zurückgehen, denn eines der Rituale, die auch heute gern während dieser Zeit praktiziert werden, ist das Räuchern mit Kräutern oder Harzen. Damals wurden die Ställe und das Haus ausgeräuchert, um Geister zu vertreiben. Heute würde man diese vermutlich negative Gedanken, Stress und Probleme nennen. Die Geister, die uns im Alltag verfolgen. Denkbar ist aber auch, dass das mittelhochdeutsche Wort *rûne*, das übersetzt Geheimnis heißt, namensgebend war.

Fest steht allerdings: Diese Zeit galt seit jeher als eine besondere Zwischenzeit, die aus dem Rahmen der Zeit und des Gewohnten fällt. Der germanische Kalender hatte Mondjahre mit 354 Tagen sowie Sonnenjahre mit 365 Tagen. Die Differenz beträgt elf Tage und zwölf Nächte. Es ist fast so, als existierten die Tage gar nicht – oder vielmehr, als wäre dies die perfekte Gelegenheit, selbst mal aus dem Rahmen des Gewohnten zu fallen.

Die Tage rund um den Jahreswechsel eignen sich so gut für alles, was das Jahr über vielleicht ein wenig zu kurz kam, weil die Welt sich zur Ruhe hinwendet und man getrost offline gehen kann. Die Tage zwischen den

Jahren fühlen sich beinahe wie die kleine Pause der Stille zwischen zwei Atemzügen an, nur eben viel ausgedehnter.

Die gesamte Zeitspanne bewusst zu erleben ist etwas sehr Wertvolles. Es ist schließlich auch die Zeit des Jahres, in der Stille einkehrt und es weniger Termine gibt. Die meisten Menschen können sich freinehmen und mit den Liebsten zusammenkommen. Auf jeden Fall ist es einfacher und gesellschaftlich akzeptierter, mal nicht erreichbar zu sein. Wir träumen klarer oder können besser innerlich zur Ruhe kommen.

Traditionen unserer Vorfahren

Bräuche rund um die Rauhnächte existieren seit vielen Jahrhunderten. Die Rauhnächte galten bei den Germanen und Kelten als eine Phase, in der Dämonen und Geister leichter Zugang zur Welt hatten. Deshalb wurden viele Rituale (wie Räuchern von Haus und Hof sowie Kerzen auf Fensterbänken aufstellen) durchgeführt, um das Negative loszuwerden und Positives einzuladen.

Was uns zum Beispiel als Ritual noch geblieben ist, spielt sich in der Silvesternacht ab: Bleigießen und Böllern. Auch wenn es bei uns heute anders aussieht und wir alles einfach im Supermarkt kaufen, geht es im Grunde noch um dasselbe: das Alte vertreiben und sich auf das Neue einlassen bzw. orakeln, was das neue Jahr so bringt. Das Krachen soll das alte Jahr vertreiben, und die Feuerwerke begrüßen das neue. Der Schattenwurf des geformten Bleis soll (möglichst das Glück) für das kommende Jahr vorhersagen.

Einmal verbrachte ich meine Rauhnächte mit einer isländischen Freundin im Norden des Landes. Dort wird es praktisch kaum hell an den dunkelsten Tagen des Jahres, höchstens für ein paar Stunden von 12 bis 15 Uhr. In diesen drei Stunden stürmten wir (im wahrsten Sinne des Wortes) oft raus, gingen ins Schwimmbad und in die Sauna oder versuchten, einen Sonnenstrahl zu jagen. Ich beobachtete, wie meine Freundin am Abend Teelichter in alle Fenster stellte und anzündete. Ich fühlte mich in der kleinen Holzhütte mitten in der Natur sofort beschützt, auch wenn die starken Winde die Wände oft zum Wackeln brachten und wir sogar eingeschneit wurden. Perfekt, um zu lesen und zu träumen.

Besonders im Winter kamen und kommen die Menschen zusammen, um sich Geschichten und Sagen zu erzählen, die bis heute bekannt sind. Vielleicht auch, weil die Wetterextreme sich im Winter auf Island viel stärker auswirken als bei uns. Es kann wirklich sein, dass man tagelang in seinem Haus feststeckt, weil eisige Winde die Straßen unpassierbar machen.

In der christlichen Tradition gelten die zwölf Tage und Nächte zwischen Jesu Geburt und dem Besuch der Heiligen Drei Könige, die Schutz und Segen bringen, ebenfalls als eine besonders heilige Phase. Die Zahl Zwölf hat in vielen Kulturen und Religionen schon immer eine mystische Bedeutung und steht oft für einen Zyklus beziehungsweise Vollkommenheit. Es gibt zwölf Tierkreiszeichen, zwölf Apostel und zwölf Monate.

Wir feiern Weihnachten und Silvester mit den allseits bekannten Ritualen und Bräuchen – und solchen, die jede Familie für sich pflegt: Geschenke unter dem Weihnachtsbaum, Kekse backen und Weihnachtslieder singen. Es kann allerdings sein, dass manche Momente in Stress ausarten, wenn Erwartungen nicht erfüllt werden, wenn es zu viele Pflichtbesuche gibt oder alle (häusliche) Arbeit an einer Person hängen bleibt.

Nicht alle Rituale und Bräuche rund um diese Zeit sind uns erhalten geblieben. Manche gingen verloren, und andere muten aus heutiger Sicht vielleicht etwas zu kurios an. Zum Beispiel, dass man eine ganze Hagebutte schlucken soll, weil das Glück bringt, oder dass Tiere zu dieser Zeit sprechen. Hinter Letzterem steckt vielleicht jedoch eine tiefere Botschaft: Tiere sind äußerst sensible Wesen. Sie spüren, wenn Unheil droht oder sich etwas Schönes ankündigt, wie ein neues Baby. Katzen schmiegen sich dann liebevoll an den Bauch der schwangeren Frau. Wenn man Tiere beobachtet, kann man etwas über das Leben und sich selbst lernen, weil sie ein Spiegel der Energie um sie herum sind.

Ging es also vielleicht eher darum, mehr zu lauschen und in Kontakt mit den Wesen um uns herum zu gehen? Dabei, und das wissen Kinder bestimmt am besten, kommunizieren Tiere sowieso das ganze Jahr über mit uns. Tiere nehmen Schwingungen wahr und verstehen uns, ohne unsere Sprache zu beherrschen.

Den tieferen Sinn verstehen

Die Bedeutung von Bräuchen und Ritualen bleibt allgemeingültig: Sie sollen uns schützen, Sinn stiften und uns mit anderen verbinden, sie geben Halt und Struktur, erinnern uns an den Jahreszyklus und die Kraft der Natur und lehren uns, die Wesen um uns herum wertzuschätzen. Je größer die Herausforderungen des Alltags sind, umso mehr entsteht in vielen Menschen die Sehnsucht nach diesen scheinbar kleinen Dingen im Leben: Sinn, Sicherheit, Vertrauen, Verbundenheit und Zuversicht.

Bei der Wiederbelebung von Ritualen geht es nicht darum, alten Aberglauben weiterzuspinnen, sondern ihren Sinn und Zweck in eine moderne Sprache zu übersetzen und seine eigene Version davon zu finden. Und das unsichtbare und stärkende Band zu spüren, das uns mit unseren Vorfahren verbindet. Auch wenn wir uns dessen nicht immer bewusst sind, ist dieses Erbe doch Teil unseres Alltags. So ist der Wochentag Freitag nach der germanischen Göttin Frija (oder Freya) benannt. Diese Dinge müssen wir nicht alle wissen, wir dürfen sie aber spüren.

Wir leben heutzutage in einer stark individualisierten Gesellschaft – mit den entsprechenden Vor- und Nachteilen. Wenn wir die Bräuche respektieren und unsere Version davon finden, dann bleiben wir mit unseren Wurzeln verbunden, ohne dass es zu einer lästigen Pflichtübung wird, die nicht in unser modernes Leben passt.

Altes mit Neuem verbinden

Die Rauhnächte eignen sich gut dafür, Altes mit Neuem zu verbinden, auch im eigenen Leben: Die Versöhnung mit der Vergangenheit und die Kraft unserer Erfahrungen können uns Freiheit für die Zukunft schenken. Wir entwickeln uns laufend weiter, und deswegen ist es nur natürlich, wenn Traditionen und Bräuche immer wieder hinterfragt werden, denn das Weltbild ändert sich natürlich mit der Lebenssituation. Und vieles löst sich aus dem religiösen Kontext, wird dogmenfreier. Dies ist eine natürliche Entwicklung, denn unser Leben sollte eher auf die Zukunft als auf die Vergangenheit ausgerichtet sein. Und das aber aus dem gegenwärtigen Moment.

Auch wenn wir anders leben als die Menschen vor uns, eint uns doch, dass wir ähnliche Wünsche, Ängste, Sorgen, aber auch Glauben und Vertrauen haben. Schließlich leben wir auf demselben Planeten namens »Erde«. Der Name sagt es schon: Der Boden, die Erde, ist, was uns trägt und alle vereint. Wir nähren uns aus ihr, wir finden darauf Halt und wir kehren alle in die Erde zurück.

Einige Jahrhunderte zurück hatten die Menschen noch nicht so viele wissenschaftliche Erklärungen für die Welt, und man könnte lächelnd auf sie herabschauen, weil sie Angst vor Geistern hatten. Aber ich halte das nicht für den richtigen Ansatz.

Es geht darum, den tieferen Sinn zu verstehen und das, was die Menschen bewegte und uns heute noch bewegt. Und ist es dann so unterschiedlich? Damals war es zum Beispiel Brauch, während dieser Tage keine Wäsche zu waschen und draußen aufzuhängen, weil sich Geister darin verfangen könnten. Auch Backen war verboten, und daraus entstanden viele lange haltbare Backwaren wie Stollen oder Plätzchen.

Traditionell durfte während der Rauhnächte nicht gesponnen werden (es galt, jegliche Hausarbeit zu vermeiden), da sich nur das Rad des Schicksals drehen sollte. Die Schicksalsgöttinnen Nornen sponnen den Faden für jeden Menschen. Sonst standen alle anderen Räder still. In die Neuzeit übersetzt könnte man mit dem Wort »spinnen« die vielen Gedanken verbinden, die wir uns das Jahr über so zurechtlegen, und die nun stiller werden dürfen. Und wenn Räder stillstehen, dann sind das sicher Fahrzeuge wie Autos, aber auch vor allem das Hamsterrad an lästigen Routinen und Alltagsverpflichtungen.

Damals steckte hinter dem Hausarbeitsverbot vermutlich auch ein ganz weltlicher Grund: Indem diese Arbeiten ruhten, hatten auch die Frauen mal frei. Und obwohl die Arbeitsteilung sich mittlerweile wandelt, waschen auch heute viele Menschen zwischen Weihnachten und Neujahr nicht.

Wenn wir vielleicht manchmal denken, die Zeiten vor uns wären nicht so weit entwickelt gewesen, sollten wir uns einmal umsehen: Viele Menschen haben sehr viel, wir leben länger, Maschinen nehmen uns einen Teil der

Arbeit ab, wir müssen unser Gemüse nicht selbst anbauen. Wir können so viel konsumieren und brauchen noch nicht einmal eine Familie für das Überleben, wenn wir lieber allein durchs Leben gehen möchten. Doch das hat einen Preis, der uns erst langsam bewusst wird: eine Trennung von der Natur, von den Mitmenschen und letztlich von uns selbst. Überforderung und Reizüberflutung. Die innere Leere, die sich scheinbar durch nichts von außen füllen lässt, das Grübeln, die leblose Energie, die wir in Form von Zucker und Koffein zu uns nehmen, um uns immer weiter zu pushen.

Wenn wir ganz ehrlich sind, bleibt auch für uns vieles auf der Welt noch unerklärlich, was es auch mystisch macht, hier zu leben und zu sein.

Was wissen wir eigentlich? Und was wären wir ohne die Sinnsuche, ohne den Wunsch, das Leben ganz zu verstehen und es dann doch nicht greifen zu können?

Ich kann von mir sagen, dass ich eine unfassbare Sehnsucht habe, meine Wurzeln in einer entwurzelten Welt zu finden. Ich möchte nicht ohne Sinn leben, mich nicht verbiegen müssen und meine Energie für mich und andere sinnvoll einsetzen. Ich möchte bewusst leben und nicht darauf warten, dass das Leben erst beginnt, wenn ich im Außen irgendeinen Meilenstein erreicht habe.

Daher nutze ich die Rauhnächte, um alles herunterzufahren und es dann mit der Kraft von Ritualen und Besinnung wieder hochzufahren. So kann ich mich in meinem Leben neu aus- und einrichten und erkennen: Was ist wirklich wichtig? Worum geht es? Wofür bin ich dankbar? Wo ist Trennung in meinem Leben? Und: Wovor habe ich eigentlich Angst?

Gibt es etwas zu fürchten?

Die Rauhnächte haben einen geheimnisvollen und bisweilen auch furchterregenden Beigeschmack. Es hieß, dass die »Wilde Jagd« unterwegs sei, eine Gruppe von geisterhaften und monströsen Reitern. Männer zogen deshalb als Perchten maskiert umher, um das Böse, den Winter und das alte Jahr zu vertreiben – das ist bis heute in Süddeutschland, Südtirol oder Österreich ein Brauch.

Dazu wurde vor allem am 24. und 31. Dezember sowie am 6. Januar geräuchert, bisweilen auch täglich. Es hieß, man solle nach der Dämmerung nicht mehr nach draußen gehen. Damals hatten die Menschen im Winter auch real mehr zu fürchten: Hunger und Kälte.

Bei der Furcht vor Geistern kann es auch darum gehen, dass wir uns vor dem Unbekannten und Nicht-Sichtbaren ängstigen. Denn wer sagt, dass alle Geister Schlechtes wollen? Oder ging es eher darum, sich des Unsichtbaren bewusst zu werden? Dass es mehr gibt, als wir mit unseren Augen sehen können, und wir es spüren und achten sollten? Alles ist Energie, und die kann zwar sichtbar sein wie ein Blitzschlag, aber meistens fühlen wir sie eher.

Die Vorstellung, dass es spukte, dass etwas Böses um die Häuser zog, das nicht richtig greifbar ist, jagt uns

Angst ein – und deswegen neigen wir vielleicht dazu, es zu vermeiden, mit Kindern über diese Rituale zu sprechen. Das ist eigentlich sehr schade, weil man diese Zeit auch aus einem ganz anderen Blickwinkel sehen kann. Es gibt nicht immer nur Böses, sondern auch viel Gutes. Und: Nichts ist nur böse, nichts ist nur gut. In den Rauhnächten wird in der Dunkelheit das Licht wiedergeboren, denn nach der Wintersonnenwende am 21. Dezember werden die Tage langsam wieder heller.

Die Dunkelheit ist nicht per se gefährlich. In der Nacht gibt es auch in der Natur viel zu entdecken: den Sternenhimmel, nachtaktive Tiere. Und auch unsere Schattenseiten sind nicht dafür da, uns traurig zu machen, sondern damit wir an ihnen wachsen.

Die Rauhnächte sind nicht zum Fürchten, sie sind zum Erleben und Entdecken. Und deshalb ist es mir ein Anliegen, dass vor allem Kinder sehr bewusst Zugang zu dieser Zeit bekommen. Ohne Geheimniskrämerei. Und schließlich ist auch Njóla ein Geist im besten Sinne, ein sehr liebevoller Naturgeist.

Rauhnächte – was ist das?

Liebes Menschenkind,

nun geht es los. Möchtest du gern wissen, was das Besondere an den Rauhnächten ist? Das erzähle ich dir sehr gern! Die Rauhnächte beginnen am ersten Weihnachtstag und dauern zwölf Nächte. Also zwölfmal schlafen. Man sagt, dass in dieser Zeit die Schleier zur unsichtbaren Welt dünner sind und du uns zum Beispiel besser sehen kannst. Huhu, schau mal, hier bin ich! Vielleicht träumst du mehr als sonst, vielleicht brauchst du mehr Schlaf, vielleicht hast du Lust, dir selbst Spiele zu überlegen, zu basteln, zu malen, zu singen und zu tanzen.

Es ist eine Zeit, in der es ruhiger und stiller wird. Du merkst es vielleicht daran, dass deine Eltern mehr Zeit für dich haben, nicht so viel arbeiten müssen und deine Verwandten oder Freunde zu Besuch kommen. Wir Elfen lieben die Ruhe und die Tage, an denen wir einfach nur vor uns hinflattern können. Ohne dass wir Blumen bestäuben müssen oder die Natur in Ordnung halten. Es liegt eh eine Schneeschicht über allem. Also: Ruhepause!

Vielleicht bist du froh, dass du keine Hausaufgaben hast? Oder du freust du dich vor allem auf Weihnachten wegen der Geschenke? Etwas Schönes zu bekommen ist natürlich toll. Aber es ist nicht alles, was Weihnachten und die stille Zeit zwischen den Jahren ausmacht. Ist es nicht super, dass du nicht gleich morgens nach dem Frühstück aus dem Haus gehst, sondern dableiben kannst, noch eine Weile im Schlafanzug herumlümmelst, und alles etwas langsamer und ruhiger passieren darf? Außerdem musst du nicht so viel machen, was andere dir sagen. Du kannst überlegen: Worauf habe ich Lust? Was möchte ich mit wem spielen?

Besonders toll ist es, rauszugehen und die Natur zu entdecken – auch wenn es kalt ist. Es wäre doch schade, die ganze Zeit vor dem Fernseher oder mit einem Computerspiel zu verbringen. Das wahre Leben ist immer spannender, finde ich als Elfe. Manchmal ist es auch lustig, Menschen zu beobachten, die vor Bildschirmen sitzen. Hast du das mal gemacht? Es sieht so komisch und eigentlich auch langweilig aus. Also, mein Vorschlag: Nimm doch deinen Eltern mal das Handy aus der Hand! Du kannst einfach sagen: Elfen leben ohne Handy. Und sie haben jede Menge Spaß!

Ich werde dir jeden Tag ein paar Dinge vorschlagen, die du machen kannst. Vielleicht hast du ja Lust darauf. Wenn nicht, dann ist es auch okay, mal auszusetzen. Mach es so wie ich: Folge deiner Freude! Tue vor allem das, was dich zum Lachen und Hüpfen bringt!

Deine Njóla

Kapitel 2

Vorbereitung *auf die stille Zeit*

Keine Frage, die Zeit vor Weihnachten ist für viele Familien besinnlich und voller Vorfreude, aber auch etwas stressig, weil es noch ein paar Dinge zu erledigen und planen gibt: Wo feiern wir mit wem? Was muss noch besorgt werden, bevor die Geschäfte für eine Weile schließen? Welche Arbeit sollte vor den Feiertagen erledigt werden? Hierfür gilt natürlich: alles Schritt für Schritt, und zur Not bleibt etwas liegen. Es kann eine gute Übung sein, mit jedem To-do, das auf der Liste abgehakt wird, innerlich einen Schritt mehr zur Ruhe zu kommen und sich schon auf die Auszeit zu freuen. Insofern empfiehlt es sich, tatsächlich so wenig wie möglich an Pflichten, Terminen und Aufgaben in diese wertvolle Zeit zu legen oder mitzunehmen.

Aber natürlich kann man diese Reise durch die Rauhnächte auch erleben, wenn jemand aus der Familie weiterarbeitet oder die Feiertage nicht im eigenen Zuhause, sondern bei Verwandten verbracht werden. Dann ist es eine zusätzliche Übung, immer wieder in die Ruhe zu finden.

Die Ideen und Achtsamkeitsübungen können grundsätzlich an jedem Ort gemacht werden, und wie viel Zeit man sich dafür nehmen mag, bleibt einem selbst überlassen.

Alles abschließen

Vor meiner Reise durch die Rauhnächte sorge ich dafür, dass mir buchstäblich der nötige Raum bleibt – und das wäre auch mein Vorschlag für euch. Schon in der Adventszeit beginnt für mich das Abschließen. So begleiche ich zum Beispiel alle Rechnungen, schreibe noch wichtige Mails, gebe alles Ausgeliehene zurück und kläre (wenn möglich) alle Konflikte und Unklarheiten. Ich räume meine Wohnung auf, sortiere Kleider, Bücher und Unterlagen aus. Ich putze und miste aus, auch damit ich das nicht während der Feiertage mache, weil da ja Zeit ist. Es ist wichtig, während dieser zwölf Tage so wenig wie möglich zu erledigen, damit genug Platz für Eingebungen bleibt. Dafür ist es wiederum wichtig, dass der Raum um einen herum unbelastet und schön ist. Wie soll sonst Platz für Neues und frische Energie sein?

Deshalb eignet sich die Adventszeit auch sehr gut zum Aufräumen und Ausmisten, denn es ist die Zeit im Jahr, in der wir unser Heim sowieso gemütlich machen und schmücken wollen: mit Kerzen, Düften und einem Weihnachtsbaum, der mit seinen immergrünen Zweigen wieder Hoffnung auf den Frühling macht.

Es ist gut, sich immer wieder vor Augen zu führen: Warum mache ich das? Meine Antwort ist: für das Wohlbefinden und schöne Räume, für mich und andere. Und wenn es weiter zum Aufräumen motiviert: Früher glaubte man, die Geister könnten sich in der Unordnung besser verstecken. Tatsächlich ist es so, dass wir an chaotischen und dreckigen Orten auch eher verwirrende Gedanken haben und uns selbst nicht so klar und rein fühlen. An einem leeren und schönen Ort, besonders in der Natur, fällt es uns leichter, auch im Inneren leer zu werden. Deswegen sind Wüsten und Eislandschaften auch so faszinierend. Also, lieber Platz und luftige Klarheit schaffen!

Ein kleiner Tipp: Einfach mal einen Timer auf 20 Minuten setzen und in dieser Zeit einen Raum so schön wie möglich machen. Sich nur eine Schublade oder eine Ecke vornehmen. Danach wieder entspannen. Dann wirkt die Aufgabe nicht so endlos und wie ein Fass ohne Boden, und in der Zeit kann man einiges schaffen. Wenn man danach mal spürt, wie es sich im Raum und in einem selbst anfühlt, dann wird man das belebende Gefühl der Erleichterung wahrnehmen. Und das motiviert, in kleinen Schritten weiterzumachen.

Ich mag es auch, für mich persönlich zu entscheiden, was ich nicht ins neue Jahr mitnehmen möchte, was sich noch belastend oder nicht rund anfühlt, und mache mir dann immer eine Liste, was ich noch im alten Jahr und möglichst vor Beginn der Rauhnächte abschließen möchte. Dazu kann gehören:

- Liebevolle Karten oder kleine Geschenke an genau die Menschen senden, denen ich gern danken und meine Wertschätzung ausdrücken möchte, dass sie aktuell in meinem Leben sind und mich begleiten.
- Durch alle Räume in der Wohnung/dem Haus gehen und schauen: Was brauche ich nicht mehr und

was kann ich vielleicht weitergeben? Wo kann ich eine Grundordnung schaffen? Was ist abgelaufen, kaputt oder passt gar nicht mehr zu mir?

- Finanzen klären: Ich bezahle alle offenen Rechnungen bzw. erinnere an ausstehende Zahlungen. Ich schließe die Buchhaltung und Steuern ab.
- Reflektieren: Welche Worte wollen noch gesprochen werden? Braucht es noch Klärung bei einem Konflikt? Oder eine Versöhnung? Wo könnte noch ein Missverständnis aktiv sein? Und welche Menschen oder Arbeitssituationen haben mich belastet? Wie kann ich da eine gesunde Grenze oder gar ein Ende in Frieden finden?
- Ruhe verschaffen: Ich richte einen Autoresponder für Mails ein und schreibe, dass ich bis zum 7. Januar nicht erreichbar bin. Wenn mir danach ist, lösche ich auch Apps von meinem Smartphone, damit ich keine Nachrichten und Erinnerungen erhalte.
- Besorgungen und Erledigungen: Ich mache frühzeitig meine Einkäufe und lege Vorräte an, um weniger Zeit in Geschäften verbringen zu müssen. Ich bleibe auch flexibel, was die Mahlzeitenpläne betrifft. Wenn ich mal etwas nicht im Haus haben sollte, mache ich eben etwas anderes. Ich stresse mich auch nicht mit Weihnachtsgeschenken. Eine nette Karte, gemeinsame Zeit oder eine Einladung zum Essen machen immer eine Freude.
- Einen besonderen Ort für die Rituale und Meditationen einrichten: Ich habe meinen festen Ort für

die Meditation und für Bewegung. Außerdem pflege ich einen kleinen »Altar« (im nicht-religiösen Sinne), auf dem Kerzen, Räuchermaterial, Bilder, Affirmationen und Symbole für bestimmte Wünsche stehen. Dieser ist immer im Wandel, so wie ich. Es reicht eine Kuschelecke mit Kissen und einem kleinen Tisch, der als »Altar« dient. Da können Tagebücher, Kerzen, Steine, Familienfotos, Fundstücke aus der Natur und vieles mehr während der Rauhnächte Platz finden. Ich mag es, einen festen Ort zu haben, dann muss ich nicht immer überlegen: Wo meditiere ich jetzt? Wie kann ich es mir dort schön machen?

- Die Luft reinigen: Ich räuchere bewusst alle Räume am 24.12. – und natürlich auch während der Rauhnächte (dazu später mehr).

EINKAUFSLISTE

Dekorations- und Einrichtungsideen:

- Schöne, besondere Kerzen aus Bio-Wachs (kann man vielleicht auch selbst gestalten)
- Kuschelkissen- und decken (falls nicht vorhanden), evtl. Meditationskissen und Yogamatte

Kreativmaterial:

- Tagebuch (für alle, die eins führen wollen). Natürlich kann auch hier ein einfaches Notizbuch beklebt und so gestaltet werden, dass es individuell und besonders aussieht.
- Papier (auch größere und bunte Formate), verschiedene Malstifte, alte Zeitschriften für Collagen
- Eventuell Farbe zum Bemalen von Steinen

Rauhnächte-Spezial:

- Räucherwerk: Mittlerweile gibt es eine große Auswahl an Räuchersträußen, Kräutermischungen, Hölzern und Räucherstäbchen, die man zum Beispiel in spirituell ausgerichteten Buchläden, Hexen- und Ritualläden, Kräuterläden, Drogerien und im Internethandel findet. Es gibt Räucherstäbchen oder -kegel (hier auf eine gute Qualität mit naturreinen Inhaltsstoffen achten und dass alle den Duft mögen). Ich bevorzuge Räucherstäbchen aus Japan von der Räucherwerk-Manufaktur Shoyeido (Lieblingssorte: Joy), weil der Geruch nicht aufdringlich ist und so nicht in Kleidern und Haaren hängen bleibt. Außerdem sind die Inhaltsstoffe naturbelassen (sehr wichtig, denn wir atmen den Rauch bewusst ein!). Man kann aber auch Kräuter auf Räucherkohle oder ein Räuchersieb legen. Wichtig sind feuerfeste Schalen und Unterlagen, eventuell auch Feuersand. Besonders die Räucherkohle wird sehr heiß und brennt sehr lange (nichts für Kinder!). Zum Verteilen des Rauchs kann man auf eine Feder oder einen Fächer zurückgreifen. Sollte man sich für einen Räucherstrauß entscheiden, empfiehlt es sich, eine große Muschel oder ein spezielles Behältnis darunter zu halten, damit die Funken nicht herumfliegen. Generell kann es sein, dass Haustiere oder kleine Kinder sensibel reagieren, dann besser gut lüften, nur draußen oder in Abwesenheit von empfindlichen Nasen räuchern.

- Reflexions-/Orakelkarten-Sets gibt es heute für Kinder und/oder Erwachsene im Buchhandel. Ich habe begleitend zu diesem Buch ein passendes Rauhnächte-Impulskarten-Set für Kinder geschrieben (erschienen im Mosaik-Verlag). Es eignet sich sehr gut als Ergänzung zu diesem Buch. Ich empfehle allgemein, sich für ein Set zu entscheiden, das einen intuitiv anspricht.

Lasst uns eine Schatztruhe bauen!

Liebes Menschenkind,

ich weiß, ich weiß. Wenn du mit deinen Eltern verreist, dann nehmt ihr Koffer, Rucksäcke und Taschen mit, aber doch keine sperrige Schatztruhe! Aber das hier ist keine gewöhnliche Reise, ihr fahrt nämlich gar nicht weg. Vielleicht denkst du auch: Schatztruhen finden Piraten, die macht man sich nicht selbst. Aber warum eigentlich nicht? Du kannst dir eine Schatztruhe ganz nach deinen Vorstellungen bauen. Sie muss nicht so aussehen wie bei den Piraten. Und du brauchst auch keine kaufen. Frag doch mal, ob ihr eine Schachtel habt, die du so bemalen und bekleben kannst, wie du willst. Oder vielleicht hast du mal etwas geschenkt bekommen, das so ähnlich aussieht wie eine Schatzkiste: eine Schmuckdose oder eine andere Box. Warum du eine Schatztruhe brauchst? Na, weil wir gemeinsam einige Schätze entdecken werden, die du darin sammeln und aufbewahren könntest. Ich freue mich schon, wenn sie fertig ist. Dann kann ich mich darin verstecken. Hihi!

Deine Njóla

Kapitel 3

Die Bedeutung *von Ritualen*

Kinder lieben es, wenn sich etwas wiederholt. Sie schätzen gewohnte Abläufe. Rituale geben ihnen Sicherheit und Halt, sie schaffen emotionale Verbindung, sie geben Bestärkung in unsicheren oder sich wandelnden Zeiten, und sie helfen, mit Gefühlen umzugehen. Im Familienbericht der Bundesregierung heißt es zu Ritualen: »Für die Qualität des Familienlebens sind vorhersagbare Abläufe und Rituale, die den sich verändernden Bedürfnissen der Familienmitglieder angepasst werden, wichtig. Sie spielen auch und gerade bei der Bewältigung von Entwicklungsaufgaben eine entscheidende Rolle.«

Kein Wunder also, dass in Familien, Kindergärten und Schulen geregelte Tagesabläufe und immer wiederkehrende Rituale so einen großen Stellenwert haben. Da kleine Kinder keine Uhr und kein Zeitgefühl haben, brauchen sie feste Zeiten und Rituale, um sich zu orientieren und sich zugehörig zu fühlen. Wenn alle gemeinsam aufräumen sollen, wissen die Kinder, dass die Eltern sie bald abholen. Und wenn später die Zeit für das Zähneputzen gekommen ist, ahnen sie, dass sie bald ins Bett geschickt werden. Besonders wichtig ist ein Abend-Ritual, das den Kindern hilft, sich zu entspannen: Hörspiele hören, (vor) lesen oder ein Einschlaflied singen. »Kinder müssen Abschalten lernen, und dabei helfen Rituale wie Beten und Vorlesen vor dem Einschlafen«, erklärte mir der Schlafforscher und Psychologische Psychotherapeut Dr. Hans-Günter Weeß mal in einem Interview.

In jeder Familie existieren dazu neben vielen unbewussten Ritualen – dazu gehören etwa die Körpersprache und die Kommunikation – auch eine Reihe von bewussten Ritualen. Es ist ebenso wichtig, dass sich Kinder ihre eigenen Rituale schaffen und dafür genug Freiraum und Bestätigung erhalten. So können sie sich ausprobieren und ausleben.

Darüber hinaus kann es hilfreich sein, kleine Rituale (nicht zu viele auf einmal) zu etablieren, die dem Kind den Raum geben, sich auszudrücken. Davon wird es im Folgenden einige geben. Eine Idee ist zum Beispiel, das Kind jeden Abend und Morgen zu fragen, wie es sich fühlt. Wenn es schon schreiben kann, dann könnte es dies in ein Tagebuch notieren oder aufmalen; es kann aber auch einfach erzählen. Es geht dabei darum, auch nach körperlichen Empfindungen zu fragen, zum Beispiel: Wie geht es dem Bauch? Und dem Kopf? Als Erwachsener sollte man die Antworten nicht kommentieren, sondern eher einen Raum schaffen, in dem sich das Kind ausdrücken kann. Das Kind will gesehen und bestätigt werden. Darum geht es, und das ist sehr wichtig: mit dem Kind in einem wertfreien, achtsamen und entspannten Sein verweilen. Dafür ist es hilfreich, dass wir als Erwachsene ganz bei uns sind, geerdet und absichtslos ganz im Moment. Auch dafür werde ich im Folgenden noch einfache Methoden vorschlagen.

Was sind Rituale?

Liebes Menschenkind,

magst du es auch so sehr wie ich, wenn bestimmte Sachen immer wieder passieren? Wenn ich auf einem Tautropfen ein Blatt nach unten rutsche, habe ich erst ein bisschen Angst, aber dann macht es mir so viel Spaß, dass ich es gleich noch zwei- oder fünfmal mache. Jetzt weiß ich, dass mir nichts passiert, und dass ich starke Flügel habe, mit denen ich wieder hochflattern kann, wenn ich abrutsche.

Außerdem mag ich es, wenn bestimmte Sachen jeden Tag gleich sind. Dann weiß ich immer, was als Nächstes kommt und worauf ich mich freuen kann. Vielleicht habt ihr in eurer Familie, im Kindergarten oder in der Schule auch schon Rituale: eine Gute-Nacht-Geschichte vor dem Schlafengehen oder der Morgenkreis zur Begrüßung.

Rituale sind also Sachen, die wir immer wieder machen und die erst einmal gleich ablaufen, aber auch einen bestimmten Sinn haben. Zum Beispiel den Tag zusammen zu begrüßen. Wie du dich dabei fühlst, ist aber immer anders. Denn wir sind ja nicht jeden Tag gleich drauf, stimmt's? Manchmal fühlen wir uns müde, manchmal haben wir Lust auf Spielen, manchmal mehr auf in Ruhe lesen. Was machst du gern? In den kommenden Tagen wirst du neue Rituale ausprobieren können. Super, oder? Wiederhole sie gern so oft du magst. Die Erwachsenen in deiner Familie werden dir alles erklären, was ich ihnen schon zugeflüstert habe.

Deine Njóla

Rituale während der Rauhnächte

Die erste Rauhnacht beginnt am 25. Dezember. Am Tag davor räuchere ich jeden Raum meiner Wohnung aus und schreibe dreizehn Wünsche auf einzelne Zettel. Und zwar so, als hätten sie sich längst erfüllt. Jeden Abend verbrenne ich einen davon im Kamin oder in einer Schale, damit er Realität wird. Und den dreizehnten Wunsch erfülle ich mir am Ende selbst.

Jede Nacht steht für einen Monat im folgenden Jahr, und es kann sein, dass sich in Träumen Ideen oder Hinweise dazu zeigen. Deshalb greife ich in dieser Zeit morgens als Erstes zu Tagebuch und Stift, zünde eine Kerze und ein Räucherstäbchen an und notiere, was ich geträumt habe oder was mich in diesem Moment bewegt. Sobald alle Bilder und Gefühle der Nacht aufgeschrieben sind, beginne ich den Morgen mit einer kleinen Meditation. Das kann auch bedeuten, dass ich einfach ein paar Minuten lang einer Kerze dabei zuschaue, wie sie brennt und flackert.

Am Abend schreibe ich wieder in mein Tagebuch, was mich bewegt und was sich an diesem Tag gezeigt hat. Ich versuche, zuzuhören und zu beobachten: Welche Gefühle sind präsent? Was zeigt sich mir, wenn ich in der Natur spazieren gehe, oder welche Themen kommen im Kontakt mit meiner Familie oder meinen Freunden auf?

Ein Tagebuch ist eine wunderbare Möglichkeit, auch nach einiger Zeit noch zu reflektieren: Was hat mich bewegt, und ist es immer noch relevant? Das Schreiben ordnet die Gedanken und entlastet. Es ist erstaunlich, welche Hinweise aus den Rauhnächten mir durch das Jahr helfen. Darüber hinaus könnt ihr euch als Familie überlegen, welches kleine Ritual ihr jeden Tag wiederholen wollt. Hierzu einige Ideen von mir:

1. **Das Ritual der 13 Wünsche**
   Ein sehr beliebtes und einfaches Ritual ist es, sich 13 Wünsche auf einzelne Zettel zu schreiben, diese in ein schönes Gefäß oder eine Schachtel zu legen und jeden Tag einen Wunsch zu ziehen. Anschließend wird er dann in einer feuerfesten Schale verbrannt (das sollten die Kinder natürlich nicht selbst tun oder ältere Kinder ausschließlich unter Aufsicht). Die Wünsche sollten positiv formuliert sein, und nach Möglichkeit schon so, als wären sie Wirklichkeit geworden. Es geht dabei nicht darum, sich Dinge wie eine Playstation zu wünschen. Es geht nicht darum, etwas aus Gier haben zu wollen, aber auch nicht darum, zu bescheiden zu sein. Es geht um echte Herzensangelegenheiten und um Unterstützung bei besonderen Vorhaben, ein Gefühl oder eine Motivation. Zum Beispiel: »Ich finde einen neuen Freund, mit dem ich Fußballspielen kann«, »Ich fühle mich entspannt«, »Ich habe mehr Zeit, um Bücher zu lesen«, »Ich habe ein neues Hobby, das mir Spaß macht«, »Ich verbringe viele schöne Momente in der Natur«, »Ich bin gesund«.

   Es geht beim Wünschen um Demut und darum, seine innersten Bedürfnisse nach außen zu tragen.

Genauso wichtig ist dabei die innere Haltung, dass wir uns wertvoll genug fühlen, die Geschenke des Lebens auch annehmen zu können. Wir sollten also offen sein und vertrauen.

Die Wünsche kann jeder einzeln für sich aufschreiben, ohne sie den anderen verraten zu müssen. Oder: Ihr entscheidet euch, Wünsche für die ganze Familie (samt Haustieren) zu formulieren. Einzelne Wünsche können auch für einzelne Familienmitglieder sein. Natürlich geht eine Kombination aus beidem: eigene Zettel plus Wunschzettel für die ganze Familie, die gemeinsam beschlossen werden – und später dann gemeinsam gezogen und verbrannt. Und: Wenn niemandem mehr etwas einfällt, gibt es so viele gute Wünsche für andere und die Welt, für ein friedliches Miteinander, das Ende von Hungersnöten, den Erhalt und die Erholung der Natur und so weiter. Aber: Wir können nicht in das Leben von anderen eingreifen. Wenn wir uns konkret etwas für einen Menschen wünschen, sollten wir ihn vorher fragen, ob er es auch will. Selbst wenn es »gut gemeint« ist. Und natürlich können wir uns auch nicht wünschen, dass eine bestimmte Person uns liebt, denn das kann nur aus diesem Menschen selbst kommen. Alles, was nur unserem Ego oder zur Manipulation dienen soll, wird nicht funktionieren oder als Bumerang zu uns zurückkommen. Wünsche sollten möglichst frei bleiben.

Wir können Wünsche oder etwas, das wir manifestieren wollen, nicht kontrollieren. Wir können nichts planen, sondern dürfen darauf vertrauen, dass das Leben oft einen anderen Plan hat, der für alle das Beste ist. Deswegen kann die Erfüllung eines Wunsches von der »Bestellung« abweichen. Aber sie kann auch auf wundersame Weise genau so aussehen, wie wir sie uns erträumt haben.

Ich habe schon viele Menschen durch die Rauhnächte begleitet, weil ich jedes Jahr ein Online-Format anbiete, bei dem ich gemeinsam mit einer Gruppe von Menschen durch die Rauhnächte reise und sie mit Ritualen und Meditationen unterstütze. Deswegen habe ich auch schon viele Beispiele bei mir und anderen gesammelt, die zeigen: Es funktioniert! Ich habe Familien erlebt, die sich gewünscht haben, endlich ein neues Haus zu finden – und im März den Schlüssel dafür in der Hand hielten. Es war sogar noch schöner und günstiger, als sie zu wünschen gewagt hatten.

Ich habe auch Träume zerplatzen sehen – aber nur, weil dann etwas viel Passenderes anstand. Der alte Traum war nur eine Brücke, die dann mit der Zeit zum Hindernis wurde – und zerfiel. Also: Wer vertrauensvoll und mit Hingabe anfängt zu träumen und zu wünschen, wird nicht immer direkt zur Erfüllung seiner Träume geführt, aber er befindet sich im Fluss des Lebens, und im Loslassen findet uns genau das Leben, das am besten zu uns passt. Es gibt uns Freiheit und eröffnet uns Perspektiven statt falscher Erwartungen. Es ist zauberhaft!

Ich vergleiche das gern mit den Schildkröten, die in dem Film »Findet Nemo« voller Freude durch den ostaustralischen Strom reisen. Sie wissen nicht, wann und wie sie ankommen. Sie vertrauen, dass sie ankommen. Und auf dem Weg dorthin haben sie jede Menge Spaß zusammen. Auch wenn es Angst macht, die Kontrolle abzugeben, wenn man sich nicht irgendwo am Ufer festklammern kann. Doch wie soll Bewegung entstehen, wenn wir nicht riskieren loszulassen?

Es ist schön, das Wünsche-Ritual gleich am Morgen gemeinsam an einem bestimmten Ort durchzuführen, weil es eine besondere Stimmung für den Tag schafft und sich daran eventuell noch weitere kleine Rituale und Momente anschließen können. Das ist auch eine gute Zeit, um in diesem Buch das jeweilige Kapitel für den Tag zu lesen und sich einzustimmen.

Die Asche kann in einem Extra-Gefäß aufbewahrt und am Ende der Rauhnächte gemeinsam in ein fließendes Gewässer in der Natur geschüttet werden. Wichtig ist, dass es ein natürliches und fließendes Gewässer ist, damit die Wünsche buchstäblich »in den Fluss kommen«. Das ist auch eine wunderbare Art, die besinnliche Zeit zu beenden und das frische Jahr zu beginnen. Zusammen als Familie.

Sicher fragt ihr euch, was mit dem 13. Wunsch geschehen soll. Das ist der Wunsch, den ihr euch selbst erfüllen dürft. Da gilt es, alles daranzusetzen, dass er wahr wird. Durch das Auslosen bleibt es bis zum Schluss spannend, welcher es ist. Den Wunsch könnt ihr dann so lange aufbewahren, bis er sich erfüllt hat oder bis ihr das Gefühl habt, es ist Zeit, ihn loszulassen.

Eine Bekannte von mir hat sich einmal gewünscht, dass ihr pflegebedürftiger Vater eine gute Betreuung findet. Als sie den Zettel zog, war klar, was das Leben von ihr wollte. Erst dachte sie: Wie soll ich das nur schaffen? Dann aber wurde diese Aufgabe für sie zu einem wunderbaren Geschenk. Mein 13. Wunsch war einmal: Ich lebe in jedem Moment bewusst. Als ich ihn zog, musste ich lachen. Logisch: Dieser Wunsch kann nur mit meinem Willen lebendig werden. Natürlich wurde er wieder an mich zurückgeschickt.

Es geht nicht darum, etwas zu erreichen oder zu leisten – und dann enttäuscht zu sein, dass es vielleicht nicht eingetreten ist. Es geht eher um das Vertrauen, dass die Dinge so laufen, wie sie laufen sollen. Manchmal passiert alles ganz schnell – ein anderes Mal dauert es Monate, sogar Jahre. Das Beste ist, einen Wunsch wirklich loszulassen und zu vertrauen. Das nennt man auch Hingabe ans Leben. Eine wundervolle Übung. In diesem kleinen Wünsche-Ritual steckt schon so viel Kraft.

2. Traumtagebuch

Die Rauhnächte sind der beste Anlass, um sich wieder mehr seinen Träumen zu widmen und mit einem Tagebuch zu beginnen. In meinem eigenen Tagebuch notiere ich während der Rauhnächte sowohl meine Träume als auch die Erlebnisse des Tages. Ich schreibe auf, wie es mir geht, welche Begegnungen ich hatte, was ich fühlte und was ich erlebte. Zur Erinnerung:

Jede Rauhnacht steht für einen Monat im kommenden Jahr und kann daher eine Art Vorausschau sein oder später im Jahr als Orientierung oder Ideenquelle dienen.

Manche Menschen erinnern sich lebhaft an ihre Träume, andere wachen morgens auf, und da ist scheinbar nichts mehr. Wenn man sie fragt, dann sagen sie: »Ich habe nicht geträumt.« Dabei tun dies die meisten Menschen. Träume lösen sich nur im Wachzustand schnell auf. Das ist gar nicht schlimm. Aber manche Träume enthalten Botschaften, und es lohnt sich, diese festzuhalten. Manchmal frage ich mich sogar: Was ist, wenn die Traumwelt realer ist als die Welt der Gedanken, wenn ich wach bin? Die Sprache der Träume ist auf jeden Fall sehr ehrlich, symbolhaft und anders, als der Alltag sich zeigt. Es können uns bekannte Menschen darin auftauchen, aber auch Fremde, die unseren Bekannten ähneln. Oder Tiere oder sonstige Wesen, die es nur im Land der Träume gibt. Es kann sein, dass wir über Träume Hinweise oder Ideen erhalten. Besonders, wenn sie uns noch am nächsten Tag ganz klar als Gefühl oder Bilder erhalten bleiben.

Wenn ich meine Tagebücher mit Notizen zu meinen Träumen aus den Rauhnächten im folgenden Jahr durchblättere, schöpfe ich dort Vertrauen und Kraft. Und ich bin verblüfft, wie sich Träume bewahrheitet haben. So hatte ich in einer Rauhnacht einen sehr intensiven Traum, bei dem ich eine Geburt durchlebte. Es ging eher um den Geburtsvorgang, das Baby sah ich nicht. Ich notierte mir damals: Neues kommt auf die Welt. Die Nacht war die achte, also dem Monat August zugeordnet. Was ich damals noch nicht wusste: Genau in dem Monat sollte mein erstes Buch erscheinen. Ich war erstaunt über meine innere Weisheit, die das anscheinend schon vor allen anderen erahnte. Und nicht nur das: In dem Tagebuch finde ich das ganze Jahr über Ideen und Gedanken, die ich für mich und meine Arbeit als Inspirationsquelle verwenden kann.

Ich habe mich viel mit der Wissenschaft, der Symbolsprache und den verschiedenen Arten von Träumen beschäftigt. Der Begründer der analytischen Psychologie, Carl Gustav Jung, beschreibt Träume als Schlüssel zur Selbstverwirklichung. Wer tiefer in das Thema eintauchen mag, dem sei sein Buch *Traum und Traumdeutung* empfohlen.

Ich habe sogar eine Freundin, die oft Botschaften für andere Menschen träumt. Sie ist eine wahrhaftige Träumerin. Sie hat mir schon oft wichtige Hinweise gegeben, und alle waren stimmig.

Das Bemühen, sich an seine Träume zu erinnern, lohnt sich also. Dafür ist es gut, wenn man es sich schon beim Einschlafen fest vornimmt und sich dann gleich nach dem Aufwachen sein Tagebuch schnappt und losschreibt. Auch wenn ich mich nur an eine Farbe, einen Ort oder ein Gefühl aus dem Traum erinnere, halte ich es in Worten fest. Wenn mein Stift dann so über das Papier fliegt, erinnere ich mich oft an noch mehr. Ich war im Dschungel und wurde von einem Tiger verfolgt, oder ich habe eine Reise nach Bali mit meiner Freundin gemacht, oder ich fand einen Schatz. Die Worte können dann erst einmal stehen bleiben und wirken. Meist meditiere ich nach dem Aufstehen, und dabei oder anschließend kann ein Aha-Moment entstehen. Dann weiß ich, was dieser Traum mir sagen will.

Sehr aufschlussreich ist auch, besonders für Kinder, wenn man seine Träume anders als in Worten darstellt: in gemalten Bildern, in einem kleinen Tanz oder einer gesummten Melodie. Anstatt nur zu fragen: Was hast du geträumt? Und dann auf eine Antwort wie »Nichts!« oder »Etwas Lustiges« zu warten, kann man ein Kind auch motivieren, einen Traum kreativ auszuleben. Dann hat es Raum, sich zu entfalten und erlebt, wie es ist, sich auf andere Arten auszudrücken.

Das schließt natürlich nicht aus, dass Kinder auch ein Tagebuch führen. Allein deshalb, weil so vieles mittlerweile digital ist. Schon ganz kleine Kinder wischen über Oberflächen, weil sie denken, dass sie sich wie ein Smartphone bedienen lassen. Deswegen ist es toll, wenn das Schreiben mit der Hand nicht ganz verloren geht. Worte auf Papier zu bringen hat eine andere Kraft, als sie mit Tasten zu tippen.

Wenn ich intuitive Schreibseminare leite, dann benutzen wir alle Stift und Papier. Natürlich kann es sein, dass man dann langsamer ist, Korrekturen mühsamer sind und man am Ende die Worte nicht sofort auf Social Media posten oder per Mail verschicken kann, aber es entsteht ein anderer Bezug zu den Worten und dem Schreiben. Deswegen schreibe ich, wenn es um Selbstreflexion, erste Ideen oder Konzepte geht, immer mit der Hand.

3. Die Kunst des Räucherns

Wenn wir einen Raum betreten, fühlen wir uns manchmal aus scheinbar unerklärlichen Gründen mehr oder weniger wohl darin. Nicht immer liegt das an der Einrichtung, dem Ordnungszustand oder den anwesenden Personen, oft hat es schlicht mit der Energie des Raums zu tun.

Manchmal können wir uns die Räume, in denen wir sind, nicht aussuchen. Zum Beispiel wenn man in einem überfüllten, schlecht gelüfteten Zug sitzt, sich dann noch jemand am Telefon streitet und man merkt: Hier ist aber »dicke Luft«. In Kirchen, Tempeln, Klöstern oder Yogastudios herrscht dagegen oft eine andächtige Stimmung, und die Energie dort ist spürbar rein. Woran liegt das? Dort wird regelmäßig gebetet und meditiert. Aber eben auch geräuchert.

Es ist natürlich normal, dass sich immer mal wieder etwas anstaut oder aufstapelt, dann lüften wir oder räumen auf. Doch wie werde ich alte Energien los, die feinstofflich sind? Da ist Räuchern mit Natur-Materialien wie getrocknete Pflanzen, Kräuter und Hölzer ein ganz wunderbares Reinigungs-Ritual, das ich während der Rauhnächte intensiver praktiziere als im Alltag.

Wenn ich etwas loslassen, klären oder reinigen will, mache ich vor dem Räuchern alle Fenster auf und gehe mit einem rauchenden Strauß weißen Salbeis gegen den Uhrzeigersinn durch alle Räume. Ab und zu muss man auf die Glut pusten, damit er nicht erlischt. Darunter halte ich eine große Muschel, um die Asche aufzufangen. Dabei stelle ich mir vor, dass alles Alte, Fremde und Negative durch den Rauch aufgelöst wird. Ich mache das so lange und so oft, bis ich das Gefühl habe, dass die Luft »rein« ist. Ich merke das zum Beispiel daran, dass ich klarer denken kann. Danach nutze ich Zirbe, Kiefer, Rose und alles andere gut riechende Räucherwerk, um dann bei geschlossenen Fenstern im Uhrzeigersinn wieder positive Energie hereinzulassen.

Während der Rauhnächte stelle ich mir besonderes Räucherwerk zusammen (getrockneter Salbei aus meinem eigenen Garten, Zirbenspäne oder Harz aus dem Wald) oder kaufe auch mal besondere thematische Räuchermischungen. Die lasse ich dann auf einem Räuchersieb (und bei geöffnetem Fenster oder draußen) schmoren. Allein dem Rauch zuzuschauen, wie er sich bewegt, und dabei den wohltuenden Duft einzuatmen, hat schon eine meditative Wirkung. Manchmal zeigt sich dann eine Einsicht oder Erkenntnis zum Leben.

Wenn ich einen Tee trinke, dann löse ich die wohltuenden Wirkstoffe einer Minze oder Kamille über das Element Wasser auf. Beim Räuchern ist es so, dass das Element Feuer die Wirkstoffe in die Luft transformiert und ich sie einatmen kann.

Das Räuchern ist eine Kunst, die in vielen Kulturen verankert ist. Aber wie so vieles, was in den Bereich der

Mystik und des Übersinnlichen fällt, wurde es zum Aberglauben degradiert, und das Räucherstäbchen wurde zu einem Klischee der Esoterik-Szene. Wir sollten uns davon jedoch nicht abhalten lassen, alles einmal selbst zu probieren und dann zu entscheiden: Macht es mir Freude, bringt es mir und anderen Wohlbefinden und spüre ich einen Unterschied, wenn ich einen Raum betrete, wo nicht nur die Oberflächen rein sind, sondern auch die Luft?

Ich empfehle also allen, das Räuchern unbeschwert auf ihre Weise neu zu entdecken. Oft findet man dabei auch Kräuter, die einem bislang gar nicht bekannt waren. Manchmal gehe ich in Hamburg in das Kräuterhaus, einen Laden, in dem es alle möglichen Kräuter und Mischungen gibt. Ich lasse mich dann von meiner Nase leiten, welcher Tee oder welche Räuchermischung für mich gerade gut ist. Und das empfehle ich auch euch: Am Ende entscheidet die Nase. Wir wissen, was uns guttut. Viel Freude beim Schnuppern!

DIE WIRKUNG VON KRÄUTERN, GEWÜRZEN, PFLANZEN, HARZEN UND HÖLZERN

Reinigung: Salbei, Beifuß, Weihrauch, Kiefernnadeln, Wacholderholz

Entspannung: Johanniskraut, Lavendel, Rose, Hopfen, Baldrian, Zitronenmelisse, Kamille

Bestärkend und klärend: Rosmarin, Esche, Wermut, Pfefferminze

Erdend: Harze

Loslassen: Myrte

Gute Energie: Mädesüß, Zimt, Tonka, Kakao, Vanille, Waldmeister

Schutz: Wacholder

4. Orakelkarten ziehen

Es ist eine schöne Idee, sich ein Orakelkartenset für die ganze Familie zu besorgen. Mittlerweile gibt es so viele wunderbare Sets mit positiven Affirmationen, Impulsen oder inspirierenden Bildern. Es geht dabei nicht darum, wie ab und zu gedacht, die Zukunft zu deuten, sondern um eine Bestandsaufnahme. Die Karten halten uns einen Spiegel der aktuellen Lage vor. Man kann jeden Tag eine oder zwei Karten für den entsprechenden Monat ziehen und sich fragen: Welche Themen und Lernaufgaben stehen an? Was könnte mein Weg sein? Man braucht auch nicht unbedingt eine Frage vorab stellen, es geht auch, sich einfach überraschen zu lassen und zu vertrauen, dass die Karte einen passenden Hinweis gibt, meist aus dem Unterbewusstsein. Die Karten sind ein Spiegel unseres Seins, also eine Momentaufnahme. Wir können das Bild auf uns wirken lassen und dann beobachten, welche Worte, Erinnerungen oder Assoziationen dabei in uns entstehen. Dadurch können wertvolle Impulse für tiefgründige Gespräche entstehen (mit uns selbst und mit anderen). Viele von den Sets sind eher für Erwachsene. Ich nutze ein modernes Tarotkartenset: »Licht und Schatten Tarot« von Chris-Anne (Irisiana 2021). Mir gefällt daran, dass die Menschen auf den Karten immer männlich und weiblich zugleich aussehen, alle Altersstufen haben und auch verschiedene Hautfarben. Das klassische Tarot kann manchmal etwas altmodisch und grimmig wirken.

Wenn ich mit Kindern unter zehn Jahren Karten ziehe, dann nehme ich mein zu diesem Buch erstelltes Kartenset für Kinder (Mosaik-Verlag 2024) oder das Set »Tarot für das innere Kind: Eine Reise in die Welt der Märchen« von Isha und Mark Lerner (Silberschnur 2012). Die Karten zeigen märchenhafte Figuren mit verschiedenen Aspekten. Oft fällt den Kindern gleich etwas dazu ein, und es ist gar nicht nötig, auch noch den Text dazu vorzulesen. Es sei denn, man möchte ganz genau wissen, was diese Karte bedeuten soll. Aber alles liegt natürlich im Ermessen der eigenen Interpretation.

5. Positive Affirmationen

Zusätzlich empfehle ich für jeden Tag in den Rauhnächten eine positive Affirmation am Anfang der Kapitel, die man sich dreimal laut sagen kann – oder als Zettel aufhängen oder gemeinsam mit allen laut sprechen. Der Satz spiegelt das Motto des Tages wider. Sehr gern können die Sätze auch umformuliert oder neu formuliert werden. Die Sätze sollen ins Unterbewusstsein einsickern und alte Programme oder Momente gewissermaßen überschreiben. Die Sätze sollten nur keine Verneinungen enthalten, denn das Unterbewusstsein nimmt diese nicht gut wahr. Wenn wir uns etwa sagen: »Ich möchte mich nicht mehr von anderen vereinnahmen lassen«, dann kann das missverständlich sein. Besser wäre ein Satz wie: »Ich achte meine Grenzen und kümmere mich um meine Bedürfnisse.« Oder: »Ich fühle mich stark genug, für mich einzutreten.«

In den folgenden Kapiteln wird jede Rauhnacht unter einem bestimmten übergreifenden Motto stehen (z. B. »Abschied«). Dazu wird es immer Ideen für jeweils passende Rituale, kleine Übungen, Meditationen oder Geschichten geben. Es empfiehlt sich, die Kapitel auch erst immer an dem dafür vorgesehenen Tag zu lesen.

Kapitel 4

Reise durch die *Rauhnächte*

25. DEZEMBER

In der Stille ankommen

Monat im kommenden Jahr: Januar
Positive Affirmation: »Ich ruhe in mir.«
Wiederkehrende Rituale: 1. Wunsch verbrennen, Räuchern, Traumtagebuch schreiben, Karte ziehen
Familienmoment des Tages: Bedürfnisse stillen
Ritual für Erwachsene: Atem betrachten, Meditation »Seelenruhe«
Idee von Elfe Njóla: Seifenblasen-Meditation

Wann hast du zuletzt auf einen See geschaut? Und was passiert bei dir im Inneren, wenn du dir dafür einen Moment länger Zeit nimmst? Kehrt vielleicht schon beim Gedanken an die ruhende Oberfläche auch Stille in dir ein? Kannst du bereits in diesem Moment innehalten, nur bei dem Gedanken daran?

Am ersten Tag wollen wir noch mehr in der Stille ankommen – nach der aufregenden Zeit gestern Abend, der Freude über das Zusammensein, über Geschenke und gutes, mit Liebe zubereitetes Essen. In der Ruhe können wir ins Innere schauen und spüren, wie es uns geht, was uns bewegt und was wir brauchen. Und vor allem können wir auftanken und uns in der Tiefe erholen.

Tiere gehen in den Winterschlaf, wir Menschen sollten in der dunklen Jahreszeit auch etwas langsamer werden. Und was machen Elfen? Nun ja, sie haben immer viel Energie, aber im Winter schlafen auch sie ein bisschen länger oder naschen mehr Honig.

Die beruhigende Kraft der Töne

Bei mir läuft schon die ganze Zeit das Weihnachtslied »Stille Nacht, heilige Nacht«, denn es ist der ideale Einstieg in einen Tag, der unter dem Motto »Stille« steht. Vielleicht wollt auch ihr es jetzt noch einmal zusammen singen und euch dabei wünschen, dass auch in euch etwas von dieser Ruhe einkehrt.

Wie fühlt es sich an, beim Singen die Vibration der Töne, die ihr alle gemeinsam erzeugt, im eigenen Körper zu spüren? Schließt doch mal währenddessen oder auch danach die Augen. Wie schwingen die Töne nach? Das ist vielleicht zunächst eine neue Erfahrung, den Körper bewusster als sonst wahrzunehmen. Vielleicht findet ihr es auch ein bisschen zum Lachen am Anfang, ist doch toll. Lachen ist immer gut! Darum geht es ja bei der Achtsamkeit: sich selbst wahrzunehmen und zu spüren, ohne zu bewerten. Sich zu fühlen. Denn wo wir uns fühlen, finden wir uns und können ganz bei uns und so auch wieder authentischer und lockerer bei anderen sein.

Es reicht auch aus, das Lied anzuhören und zu spüren, wie es auf einen wirkt. Musik hat wunderbare Eigenschaften und kann uns schnell und einfach in eine andere Stimmung versetzen. Deswegen lieben wir sie, und deshalb begleitet sie uns in vielen Momenten.

Immer stiller werden

Das Wort still kommt von stellen, unbeweglich stehen. Um also im Inneren zur Ruhe zu kommen, können wir uns zur Unterstützung auch körperlich verlangsamen. Das bedeutet natürlich nicht, nun alles in Zeitlupe zu tun. Es geht mehr darum, darauf zu achten: Hetze ich, wo ich auch langsamer gehen könnte? Bewege ich mich besonders viel, weil ich innerlich noch unruhig bin? Oder brauche ich gerade noch einmal viel Bewegung, um alles in mir durchzuschütteln, damit es sich danach wie bei einer Sanduhr setzen kann?

Wir sind alle unterschiedlich und an verschiedenen Punkten im Leben, deswegen gibt es keine pauschalen Empfehlungen. Es geht eher darum, selbst intuitiv zu spüren: Was ist es, was ich nun tun könnte, um Ruhe zu finden? Oft entdeckt man die besten Ideen, wenn man in sich selbst nach einer Lösung sucht.

Kinder profitieren wirklich enorm, wenn ihre erwachsenen Bezugspersonen weniger im Dauerstress sind. Das bedeutet: Wenn wir uns Zeit für uns nehmen, um Ruhe und Kraft zu tanken, dann ist das nicht egoistisch, sondern unglaublich bereichernd für die Kinder (und auch

Haustiere), mit denen wir viel Zeit verbringen. Es strahlt auf sie aus und wirkt automatisch. Da braucht man nicht mehr sagen: »Nun komm zur Ruhe!« Man macht es einfach selbst und schaut, was dann passiert. Das hat je nach Situation eine stärkere Kraft als Worte.

Und wenn es so ist, dass man mal nicht geben kann, dass man sich selbst zu unruhig und gestresst fühlt, ist es wichtig, erst einmal den eigenen Tank wieder mit Energie zu befüllen. Dabei geht es nicht immer nur um Schlaf und Ausschlafen, sondern auch um Ruhepausen.

Die Kunst des Ausruhens

Die amerikanische Ärztin Dr. Saundra Dalton-Smith hat ein sehr interessantes Buch darüber geschrieben, dass es verschiedene Arten der Ruhe bzw. Erholung gibt: körperliche, emotionale, kreative, spirituelle, sinnliche, geistige und soziale.

Das bedeutet, dass wir auf verschiedenen Ebenen Pausen oder Entspannung brauchen – der Körper sollte die Chance bekommen, mal komplett zu entspannen und zu ruhen, Emotionen sollten authentisch geäußert werden können, die Reizüberflutung darf mal zurückgenommen werden, und wir können gemeinsam oder allein die Seele baumeln lassen, – und dabei den Geist von den ganzen Gedanken entlasten und ihn auf eine Sache fokussieren. Dafür braucht es oft nur kleine Pausen zwischendurch – nicht gleich eine ganze Auszeit, ein Retreat, stundenlange Meditationen oder schweißtreibende Marathoneinheiten. Es reicht, mal ein paar Stunden nicht auf das Smartphone zu reagieren, einen halben Tag so zu gestalten, wie man es möchte (am besten ohne viele Pläne), den Körper kurz bei einer rund zehnminütigen Yoga-Nidra-Einheit zu entspannen oder sich immer mal wieder auf den Atem zu fokussieren. Oder sich mit einer guten Freundin oder einem Freund verabreden und einfach ohne Pläne spazieren gehen, auch stille Momente genießen und sich darüber austauschen, was einen aktuell bewegt – mit der Bitte, nicht gleich viele Ratschläge und Bewertungen zu erhalten. Die machen manche Situationen noch verwirrender und damit schlimmer.

ATEM BETRACHTEN (FÜR ERWACHSENE)

Beobachte heute mal ab und zu deinen Atem: Wann ist er schneller, wann langsamer, wann tiefer, wann im Bauch, wann mehr in der Lunge spürbar? Du kannst jetzt gleich mal beim Lesen einfach reinspüren, wie der Atem ganz von allein kommt und geht. Mit geschlossenen oder offenen Augen. Der Einatmenimpuls entsteht automatisch. Du ziehst frische Luft und damit Energie durch die Nase in den Körper. Und wenn du dann ganz genau aufpasst, wirst du feststellen, dass danach eine klitzekleine Pause entsteht. Komplette Stille. Dann folgt der Ausatemimpuls, und die verbrauchte Luft darf deinen Körper verlassen. Erleichternd, nicht wahr? Oder wie fühlt es sich für dich an? Kannst du die kleine, stille Pause zwischen Ausatmen und Einatmen wahrnehmen? Da ist nichts. Völlige Leere, unendliche Ruhe. Vielleicht fühlt sich das erholsam an? Wenn du magst, bleib noch ein paar weitere Atemzüge dabei. Ist es nicht ein beruhigendes Gefühl, zu vertrauen, dass der Atem kommt und geht? Von allein, du brauchst nichts zu kontrollieren, optimieren oder beachten. Es geht nur darum, sich bewusst zu machen, dass du deinen Atem mit offenen und geschlossenen Augen beobachten kannst und dabei automatisch innehältst. Wer seiner Unruhe standhält, kommt in die Stille.

Bedürfnisse stillen

Stille hat auch mit der Bedeutung von »stillen« zu tun: Eine Mutter bringt das vor Hunger schreiende Kind damit zur Ruhe. Ein meditativer Moment voller Liebe und Verbindung. Aber wir sprechen auch bei Erwachsenen davon, dass Bedürfnisse gestillt werden wollen. Dann geht es um den inneren Hunger nach Liebe, nach Ruhe, nach Harmonie oder anderen Sehnsüchten: draußen in der Natur sein, allein sein, in Gemeinschaft etwas Neues erleben.

Deswegen ist heute ein guter Tag, sich zu fragen: Was brauche ich noch, damit ich still werden kann? Was ist in letzter Zeit viel zu kurz gekommen? Vielleicht wollt ihr euch dafür bewusst für einen Moment zusammensetzen und jedem Familienmitglied reihum diese Frage stellen: Was macht dich noch unruhig? Und welchen Wunsch oder welches Bedürfnis hast du gerade? Es ist gut, die Aussagen nicht zu bewerten, sondern zu versuchen, diese so stehen zu lassen bzw. Ideen zu entwickeln, wie alle Bedürfnisse erst einmal für den Moment gestillt werden können. Braucht jemand Zeit für sich, und lässt sich das heute oder in den nächsten Tagen realisieren? Möchte jemand Action oder Spielzeit zu zweit mit einem Familienmitglied? Würde die Lieblingsspeise oder eine Knuddeleinheit dafür sorgen, dass es sich ein klein bisschen besser und behaglicher anfühlt?

Wenn nicht alle Wünsche und Bedürfnisse heute erfüllt werden können, ist es schön, diese aufzuschreiben und zum Beispiel an den Kühlschrank zu hängen – so werden sie sicher nicht vergessen.

Njóla und ich haben auch noch einige Ideen, wie bestimmte Bedürfnisse und Wünsche schnell, einfach und mit Freude und Leichtigkeit erfüllt werden können:

- Bewegung und Action: Bevor Stille einkehrt, möchtet ihr vielleicht noch etwas abschütteln. Wie wäre es mit dem »Wackelpudding-Tanz«? Hier dürfen sich alle zur Musik ganz frei bewegen, ausschütteln und wackeln, bis es ganz lustig aussieht. Der Song dazu kommt von Kiyomamu und ist auf dem Album »Schön, dass du da bist« zu finden (z. B. bei Spotify). Alternativ lieben wir auch den »Maja-Tanz« (genau, mit der frechen Biene!). Ihr könnt aber auch gern einen anderen Song zum Tanzen wählen. Kleiner Tipp: Legt euch nach dem Abtanzen mal auf den Boden oder setzt euch für einen kleinen Moment mit geschlossenen Augen hin und spürt nach, ohne zu bewerten: Wie fühlt sich mein Körper an, nachdem er sich bewegt hat? Wer kann den Herzschlag sehr deutlich spüren und wie verhält er sich jetzt?
- Kreativzeit: Egal, ob wir tanzen, singen, basteln oder malen, wenn wir in dem Moment frei von Erwartungen sind und nur bei einer Tätigkeit, dann kann dies ganz wunderbar in die Stille führen. Wir empfehlen euch, ein Mandala auszumalen. Mandalas kommen aus der indischen Kultur, und das Wort bedeutet in

der altindischen Sprache Sanskrit so viel wie »Kreis«. Es sind runde Bilder mit besonders schönen Mustern, die farbenfroh gestaltet werden können. Es gibt dazu Malbücher, aber auch im Internet zahlreiche Vorlagen, die zum Ausmalen spontan ausgedruckt werden können – oder ihr tobt euch einfach in einem schön gemalten Kreis selbst mit euren Stiften aus. Njóla schlägt vor, einen Elfengarten mit ganz vielen unterschiedlichen Blumen zu malen.

Draußen sein: Wie wäre es mit einem Stille-Spaziergang? Wenn ihr draußen ein bisschen die frische Luft genießt, könnt ihr mal für ein paar Momente vereinbaren, nicht zu reden und nur der Natur zu lauschen und diese zu beobachten. Danach könnt ihr euch wieder austauschen, und jeder berichtet, was er gesehen, gerochen, gefühlt oder gehört hat. Vielleicht findet ihr dabei auch schon ein paar Schätze für die Kiste am Wegesrand: einen schönen Stein oder einen Tannenzapfen?

In der Ruhe liegt die Kraft

Ein in vielen Kulturen und Traditionen über Jahrtausende erprobtes Hilfsmittel, um innere Stille zu finden, ist die Meditation. Diese ist ein bewusster Weg, um den Geist zu beruhigen. Körper und Geist hängen eng zusammen. Das ist auch der Grund, warum Menschen beim Meditieren oft regungslos sitzen oder liegen oder dabei bewusst langsam gehen. So fällt es uns leichter, herunterzufahren und das innere Radio mit den ganzen Gedanken und Stimmen leiser zu drehen. Dabei ist es hilfreich, wenn auch der Körper zur Ruhe kommen darf und wenn wir uns bewusst auf die Wahrnehmung unseres Körpers einlassen, insbesondere auf die Betrachtung des Atems und aller Empfindungen.

Das ist erst einmal nur für euch Erwachsene, denn für (kleinere) Kinder ist der Zugang zur Meditation anders, weniger abstrakt, sondern mehr bezogen auf etwas, das sie im Außen betrachten können (eine Kerze, eine Blume u. a.) oder sich mit der Fantasie vorstellen (eine Fantasiereise an einen stillen Ort).

So richtig gedankenfrei sind wir auch nicht immer während der Meditation. Im Gegenteil. Manchmal wird es sogar erst einmal richtig laut, wenn wir die Augen schließen und uns besinnen. Wir haben am Tag in etwa 60.000 Gedanken – viele davon kreisen um altbekannte Themen oder sind negativ. Befreiender ist eine positive innere Ausrichtung, die man aber wirklich fühlen und spüren sollte.

Wenn ich mich selbst beobachte, dann stelle ich ab und zu fest, dass ich manchmal mit mir rede, wie ich mit anderen nicht reden würde: eher kritisch. Wie wir mit uns selbst umgehen, ist wichtig. Denn aus den Gedanken und den Worten, die wir im Inneren an uns richten, entstehen Gefühle, die uns verständlicherweise unruhig machen. Wer kann schon in sich ruhen, wenn da Sorgen kreisen oder Grübeleien immer wieder dieselben Schleifen drehen?

Um davon ein bisschen Abstand zu bekommen, lohnt es sich, regelmäßig zu meditieren. Ein erster Schritt kann sein, die eigenen Gedanken wahrzunehmen und sich nicht mit ihnen zu identifizieren. Bereits wenige Minuten am Tag machen einen großen Unterschied. Natürlich ist das Ziel, jeden Moment des Lebens bewusst zu leben. Aber ich kenne niemanden, der das auf Anhieb schafft – außer Njóla. Elfen kommen einfach unbeschwert und sorgenfrei auf die Welt – deswegen ist es so schön, sie um sich herum zu spüren.

Die Meditation ganz bewusst in einem festgesteckten Rahmen zu üben, unterstützt mich dabei, mein Leben aus einer anderen Perspektive zu sehen, und ich merke, wie sich fast wie von selbst etwas ändert: Ich bin gelassener, egal was im Außen passiert. Ich fühle mich sicherer, weil ich in der Meditation Halt finde. Ich habe mehr Energie, weil ich währenddessen auftanke. Mich motiviert dabei einfach, dass ich weiß, wie wertvoll und nachhaltig die Meditation ist. Stress ist etwas, das wirklich belastet und krank macht. Und das möchte ich mir einfach nicht ständig zumuten.

Für den Zugang zur Meditation gibt es ganz unterschiedliche Techniken und Varianten: Es existieren ganz schlichte Zugänge wie die Zen-Meditation, bei der man über einen längeren Zeitraum unbewegt in der Meditationshaltung (Schneidersitz mit den Knien auf dem Boden auf einem Meditationskissen oder Fersensitz auf einer Meditationsbank) sitzt und versucht, die Gedanken wie Wolken am Himmel vorbeiziehen zu lassen.

Und es gibt verschiedene Atemübungen, bei denen man zum Beispiel seinen Atem zählt, sich ein bestimmtes Bild vorstellt oder ein Mantra rezitiert. Darüber hinaus findet man auch analytische Meditationen, die geführt sind und sich um einen bestimmten Aspekt, wie zum Beispiel »Loslassen«, drehen oder Entspannungs-Reisen durch den Körper anleiten. Etwas länger und im Liegen ausgeführt sind sogenannte Fantasiereisen, die sich (wenn sie kindgerecht angelegt sind) auch für Kinder eignen. Da macht auch Njóla gern mit, und wir werden noch einige von ihnen gemeinsam erleben.

Ich leite vor allem Meditationen an, die von Herzen kommen, und bei denen es darum geht zu spüren, auf allen Ebenen. Auf Dauer ist es wundervoll, seine Art der Meditation zu entwickeln, die natürlich aus dem Inneren entsteht. Aber dazu ist es wichtig, dass man sich nicht selbst beschummelt, etwas unterdrückt oder doch an Gedanken hängt. Wenn man die ganze Zeit gegen sich selber ankämpft, dann macht es keine Freude. Lasst den inneren Monolog ablaufen und rutscht einfach eine Etage tiefer, direkt ins Herz.

Kinder und Elfen sind mehr im Hier und Jetzt als wir Erwachsene – da können wir etwas von ihnen lernen. Sie haben (noch) nicht so ein umfassendes Zeitgefühl und können viel mehr in den Moment eintauchen als wir. Sie drücken natürlich auch ihre Sorgen und Gefühlslagen aus, haben aber die besondere Fähigkeit, auch schnell wieder von Wut zu Freude überzugehen. Was gibt es Schöneres als ein Kinderlachen nach einem Tränenanfall?

Für den Einstieg habe ich eine kleine Meditationsanleitung für Erwachsene (und ältere Kinder ab etwa zwölf Jahren) aufgenommen, um ein bisschen in die Ruhe und ins Herz zu finden. Dafür ist es gut, sich einen schönen, ruhigen Ort zu suchen und wirklich für die wenigen Minuten ungestört zu sein. Ihr solltet aufrecht sitzen, aber nicht angespannt. Die Meditation »Seelenruhe« ist als Download zu finden (siehe S. 233).

Viel Freude beim Ausprobieren und nur Mut – schon bald werdet ihr einen Unterschied feststellen! Und darauf kommt es an: dass sich das Leben einfacher und leichter anfühlt, auch wenn mal eine Meditationsrunde etwas Überwindung gekostet hat. Das ist wie beim Sport. Wir kommen Stück für Stück rein, trainieren unsere Muskeln, es wird einfach, und irgendwann können wir gar nicht mehr ohne unsere Fußballeinheit oder Radfahren.

Seifenblasen-Meditation

Liebes Menschenkind,

lass uns mal etwas ganz Verrücktes machen: Seifenblasen im Winter steigen lassen! Habt ihr Seifenwasser und eine Form zu Hause? Dann puste diese wundervollen, glitzernden Blasen doch einfach in die Luft, damit ich darauf tanzen kann und sie dann zerspringen. Wenn du vorsichtig pustest, damit eine Seifenblase entsteht, achte einmal auf den Atem und was du alles mit ihm machen kannst. Wenn du zu feste pustest, dann wird es nichts mit der Blase, stimmt's? Und wenn du zaghaft bist, auch nicht.

Alternativ bitte doch mal einen Erwachsenen, dir eine Kerze anzuzünden. Nehmt euch einen gemeinsamen Moment, die Flamme mit Abstand still zu beobachten. Einfach nur die Kerze anschauen und sehen, wie sie flackert und vielleicht auch mal zischt. Kerzen-Kino! Und dann darfst du sie irgendwann, wenn du das Gefühl hast, jetzt ist es richtig, richtig still, auspusten. Und siehe da, was dein Atem alles schafft. Er kann sogar Feuer löschen. Sehr gut gemacht!

Deine Njóla

Danke für diesen schönen ersten gemeinsamen Tag in den Rauhnächten, danke für die Stille und Ruhe. Nehmt sie mit in den Schlaf. Schaut heute Abend vor dem Schlafengehen noch einmal aus dem Fenster – und mit etwas Glück schneit es leise. Nehmt gern das Bild einer ruhenden, verschneiten und stillen Winterlandschaft mit in die Nacht. Wir wünschen zauberhafte Träume – und freuen uns darauf, euch morgen wieder zu begleiten.

25. DEZEMBER

ZUSAMMENFASSUNG UND REFLEXION DER IDEEN FÜR DEN TAG

Für alle:

- Bedürfnisse äußern und stillen (ca. eine Stunde): Wie war diese erste kleine Familienrunde für euch? Konntet ihr euch offen austauschen? Welche neuen Erkenntnisse habt ihr gewonnen?

Für Erwachsene:

- Atembeobachtung und kleine Meditation, um in die Ruhe zu finden (ca. 15 Minuten): Wie war die Atembeobachtung und kleine Meditation für euch? Könntet ihr euch vorstellen, der Meditation mehr Raum im Alltag zu geben? Oder möchtet ihr euch erst einmal vornehmen, ab und zu den Atem zu betrachten?

Für Kinder:

- Seifenblasen-Meditation (ca. zehn Minuten): Hat es Spaß gemacht zu beobachten, was dein Atem so alles kann? Hast du noch mehr Ideen dazu?

DIE ZWEITE RAUHNACHT

26. DEZEMBER

Liebe und Mitgefühl

Monat im kommenden Jahr: Februar
Positive Affirmation: »Ich gebe und empfange Liebe.«
Wiederkehrende Rituale: 2. Wunsch verbrennen, Räuchern, Traumtagebuch schreiben, Karte ziehen
Familienmoment des Tages: Ein Kreis der Liebe und Märchenzeit
Ritual für Erwachsene: Mein Moment der Selbstliebe
Idee von Elfe Njóla: Hör auf dein Herz!

»Piep, piep, piep, wir haben uns alle lieb!« Kennt ihr dieses kleine Ritual? Alle fassen sich an den Händen, bilden einen Kreis im Sitzen oder Stehen und sagen gemeinsam diese Worte, während die Arme beim Sprechen entschlossen mitschwingen. Manche Familien kommen so vor jedem Essen zusammen oder am Morgen, bevor alle das Haus verlassen, um zur Arbeit, in die Kita oder in die Schule zu gehen. Wollt ihr es gleich mal ausprobieren?

Und, wie fühlt sich das an? Wollt ihr vielleicht noch einen Schritt weitergehen und die Hände etwas länger halten, bei geschlossenen Augen? Vielleicht könnt ihr euch auch vorstellen, dass eine eurer Hände gute Energie wie Freude oder Liebe gibt und die andere nimmt.

Verstärkt wird der Effekt, wenn ihr darauf achtet, dass eure rechte Hand mit der Handfläche nach oben in der Hand eures Familienmitglieds liegt und ihr bei der linken den Handrücken seht. Die Hand mit der Innenfläche nach oben nimmt, die andere gibt gute Energie aus dem Herzen.

Energie ist unsichtbar, wie Njóla, aber ihr könnt sie spüren: Werden eure Hände warm? Prickelt es? Fühlt ihr ein Pulsieren? Oder versucht es doch so: Einer von euch startet und drückt mit der linken Hand ganz sachte die Hand des Menschen links neben sich. Sobald diese Person es spürt, drückt auch sie mit der linken Hand zu und gibt den Impuls weiter. Stellt euch vor, dass ihr beim Drücken schöne Gedanken und Gefühle mitsendet.

Sich geliebt fühlen

»Ich liebe dich« hört und sagt man vielleicht im Alltag öfter. Das ist ganz wunderbar. Aber könnt ihr alle mal ausprobieren, wie es ist, wenn man dazu ganz bewusst ein gutes Gefühl erzeugt und es teilt? Wenn alle genug gesendet und empfangen haben, ist es Zeit für eine Gruppenumarmung und ein Lachen!

Lieben und geliebt zu werden ist nicht immer selbstverständlich und auch gar nicht so einfach. Wann immer wir eng mit anderen verbunden sind und sehr viel Zeit miteinander verbringen, durch die Höhen und Tiefen des Alltags gehen, sehen wir nicht nur die guten Seiten, sondern sind auch mal genervt voneinander. Dann fragen wir uns: Warum ist hier nicht aufgeräumt? Wieso hat keiner Zeit für mich? Ich mag nicht, wenn du so mit mir sprichst! Hast du schlechte Laune? Oft haben wir auch keine Zeit, anderen bewusst Aufmerksamkeit und Liebe zu schenken. Das ist okay, wir können es nachholen.

Es spielt keine Rolle, dass wir manchmal sauer sind, entscheidend ist die Grundliebe, die immer mitschwingt und der Ausgleich zwischen Geben und Nehmen. Sich dafür immer mal wieder kleine Momente zu nehmen, seine Liebe auszudrücken, macht einen Unterschied. Wie könnte dies für euch aussehen? Braucht es Worte, Taten oder einfach nur eine stille gemeinsame Zeit? Tauscht euch gern darüber aus.

Märchenhafte Besinnung

Njóla und ich haben eine gemeinsame Liebe: Märchen, weil es fantasievolle kleine Geschichten sind, die uns aber immer auch eine interessante Perspektive auf das Leben mitgeben.

Mythen und Märchen sind ein wichtiges kulturelles Gut, in denen Weisheiten enthalten sind, die Jahrhunderte überdauert haben und uns immer noch verzaubern können. Wenn die Tage kürzer wurden, kamen Familien seit jeher zum Erzählen zusammen, deshalb sind die Rauhnächte eine wundervolle Zeit, um alte und neue Märchen zu entdecken. Auch wenn die Geschichten ausgedacht sind, stecken sie doch voller Wahrheiten und haben wie Träume eine tiefere symbolische Bedeutung. Oft geht es darum, dass ein Mensch aus seinen gewohnten Umständen ausbricht, sich Prüfungen stellt, neue Menschen und allerlei Fabelwesen trifft, sich selbst neu entdeckt und mit neuen Erfahrungen bereichert zurückkehrt.

Märchen sind Geschichten vom gelingenden Leben und waren ursprünglich meist für Erwachsene gedacht, fanden aber auch bei Kindern Gefallen. Die alten Märchen sind in der Regel mündlich überliefert, und die Handlung ist kurz und knapp, weil die Geschichten auf das Wesentliche fokussiert sind. Auffällig ist auch, dass Personen oder Orte nicht sehr detailreich beschrieben werden, damit viel Raum für die Fantasie bleibt. Darüber hinaus sind die normale und die magische Welt wie selbstverständlich eins; Tiere können sprechen, es wird verzaubert, und es gibt Fabelwesen. Die heilende Wirkung von Worten und Geschichten besteht darin, dass sie oft ein gutes Ende haben. Nicht immer ist es das, was der Held oder die Heldin sich gewünscht hat, aber das Leben gelingt auf wunderbare Art und Weise, es gibt unerwartete Lösungen und Unterstützung von anderen. In der Welt der Märchen ist alles möglich.

Eines unserer Lieblingsmärchen ist zum Beispiel »Die Sterntaler« der Brüder Grimm. Das kennt ihr bestimmt: Ein armes Waisenmädchen gibt ihr letztes Hemd, und als sie nichts mehr hat, fallen die Sterne für sie vom Himmel und werden zu Goldtalern. Das sagt uns: Menschen mit einem guten Herzen, mit Mitgefühl und Güte werden immer in Fülle anstatt im Mangel leben. Und dabei geht es nicht unbedingt um äußeren Reichtum.

Ein Märchen, das besonders mit den Rauhnächten verbunden ist, kennen die meisten von uns: Frau Holle. Der 6. Januar, also das Ende der Rauhnächte, wird auch als Tag der Frau Holle bezeichnet. Die Sagengestalt galt als Schutzgöttin von Natur, Haus und Hof. Das Interessante dabei ist, dass Frau Holle sich mit den Jahreszeiten wandelt. Sie durchläuft den Jahreszyklus und wird immer wieder neu geboren: Im Frühjahr ist sie die Fruchtbarkeitsgöttin in junger Gestalt, im Sommer reift sie zur erwachsenen Frau heran, und im Herbst und Winter wird sie die weise Frau, die diejenigen straft, die sich nicht gut verhalten haben. In den Rauhnächten war sie demnach auch gefürchtet.

Nun folgt noch ein Märchen, das ihr vielleicht noch nicht kennt. Möchte jemand vorlesen?

Märchen zum Vorlesen: Die zwei Wiesenmäuse

Vor langer Zeit lebten einmal zwei Mäuse auf einer Wiese. Die eine war sehr fleißig. Von früh bis spät sammelte sie Vorräte für den Winter. Sie grub Wurzeln aus, trug die Samen von Gräsern in ihre Höhle, holte Knollen und Früchte und füllte damit eine Vorratshöhle nach der anderen. Besorgt schaute sie jeden Tag zur Sonne hinauf und dachte: »Noch ist Sommer, aber bald kommt der Herbst.« Und als der Herbst kam, dachte sie: »Noch ist Herbst, aber bald kommt der kalte Winter.« Sie sammelte noch fleißiger, gönnte sich keine Ruhe, bis alle Vorratskammern gefüllt waren. Die andere Maus aber war faul. Sie stand erst auf, wenn die Sonne schon hoch am Himmel stand. Wenn sie aber erst einmal auf der Wiese stand, hatte sie Lust zu tanzen. Sie tanzte und sang und führte ein gutes Leben. Wenn die faule Maus an der fleißigen vorüberkam, rief sie ihr zu: »Komm, tanz und sing mit mir!« Doch die fleißige Wiesenmaus rief: »Ich habe keine Zeit! Ich muss Vorräte sammeln.« Die warmen Tage vergingen, und es wurde kalt. Jetzt fing auch die faule Maus an, Vorräte zu sammeln, doch sie fand nur noch ein paar wenige Körner und Nüsse. Als es zu schneien begann, saß die fleißige Maus in ihrer Höhle. Wenn sie Hunger hatte, ging sie zu einer ihrer Vorratskammern und naschte von ihren Vorräten. Doch schon bald wurde ihr langweilig. »Wenn doch nur jemand zu Besuch kommen würde«, dachte sie, »dann könnten wir zusammen plaudern.« Zur gleichen Zeit hatte die andere Maus alle Vorräte aufgefressen. Sie saß da, hungerte und fror und wurde immer schwächer. Mit letzter Kraft ging sie zur Höhle der anderen Maus und sprach: »Bitte hilf mir. Ich bin so hungrig. Wenn ich nicht bald etwas zu essen bekomme, muss ich sterben.« »Was ist denn mit deinen Vorräten?«, fragte die andere Maus. »Hättest du so fleißig gesammelt wie ich, müsstest du jetzt nicht hungern!« »Du hast ja recht!«, rief die faule Maus. »Doch im Sommer, da machte es so viel Freude zu tanzen und zu singen, und ich habe vergessen, für den Winter zu sammeln.« Die fleißige Maus hatte keine Lust, ihre mühsam gesammelten Vorräte zu teilen und schickte die hungrige Maus fort. Kaum aber war diese gegangen, da saß sie wieder allein in ihrer Höhle und langweilte sich. Schnell sprang sie auf, hüpfte zur Höhle der anderen Maus und rief: »Komm! Ich teile mit dir meine Vorräte, aber du musst den ganzen Winter mit mir tanzen, singen und plaudern!« Und so saßen bald beide in der Höhle und aßen Samen und Knollen, und wenn sie satt waren, begann die eine Maus zu singen und zu tanzen, und bald tanzte auch die andere Maus mit. Wenn du mir nicht glaubst, so geh hin und schau nach!

Und, hat euch die Geschichte gefallen? Was mochtet ihr besonders? Erinnert sie euch an etwas aus eurem Leben? Tauscht euch doch gern ein wenig aus! Wir finden den Gedanken schön, dass wir alle etwas haben, das wir wie ein Geschenk mit anderen teilen können: Der eine hat die Gabe, besonders gut zu kochen, die andere strahlt eine ansteckende Freude aus, dass wir in ihrer Gegenwart mehr lachen als sonst.

Geschenke verteilen

Die Frage für heute ist deshalb an euch alle gerichtet: Welches Geschenk habt ihr, das ihr mit anderen teilen könnt? Und dabei geht es nicht um Dinge, die man kaufen kann, sondern um Fähigkeiten, die jeder von uns in sich trägt. Und wenn ihr es selbst nicht wisst, dann frag doch einfach, was die anderen so denken. Ihr kennt euch schließlich sehr gut. Ist es eure liebevolle Art, Küsschen zu verteilen? Sind es schön gemalte Bilder oder Zaubertricks?

Was auch immer es ist: Nehmt euch gern heute Zeit, diese Geschenke miteinander auszutauschen, sich daran zu erfreuen oder sich dafür zu bedanken. Kuschelt euch dafür zusammen auf das Sofa oder setzt euch im Kreis auf den Boden – mit vielen Kissen, und Kuscheltiere sind auch willkommen. Alle dürfen einmal sagen, was sie besonders an den anderen schätzen. Und wer die schönen Worte empfängt, sagt einfach: »Danke!«

Hör auf dein Herz!

Liebes Menschenkind,

lass uns mal zusammen die Hand auf unser Herz legen. Weißt du, wo dein Herz ist? Spürst du dieses leise Pochen in deiner Brust? Das ist dein Herz, ein wunderschöner Teil unseres Körpers, der seine eigene Sprache spricht. Den Herzschlag kannst du hören und fühlen. Wenn du schnell läufst oder freudig aufgeregt bist, dann schlägt dein Herz automatisch schneller. Wenn du dich ausruhst, dann wird es langsamer.

Der Herzschlag bei uns Elfen ist immer ein wenig schneller, weil wir dauernd voller Freude sind. Bei uns scheint die Sonne, auch wenn es regnet. Wir haben immer diese tiefe und unzerstörbare Freude in uns – egal, was passiert. Deswegen kann es auch mal vorkommen, dass wir weinen, weil wir etwas traurig finden, und gleichzeitig lachen.

Wenn wir ein Menschenkind sehen, das gerade traurig ist und sich einsam fühlt, dann spüren wir das in unseren Herzen, und dann kitzeln wir es, bis es lacht. Manchmal stupsen wir auch mit unseren Fingern oder einem Zauberstab direkt auf sein Herz, ganz sanft. Damit es spürt: Du bist nie allein, du bist immer geliebt und begleitet.

Dein Herz ist auch ein bisschen ein Wegweiser. Es zeigt dir an, ob du etwas oder jemanden magst oder nicht. Wenn dein Herz plötzlich schneller schlägt, wenn du jemanden umarmst, dann kann das ein Zeichen sein, dass du diesen Menschen besonders magst. Es spricht mit dir, hör mal hin! Und es sendet und empfängt Liebe. Vielleicht stellst du dir das so vor: Herzchen fliegen wie Seifenblasen zu dir – und du schickst sie auch zu jemand anderem. Und das ist immer schön!

Deine Njóla

Wie viel Liebe hast du für dich?

Oft fällt es uns leichter, anderen Liebe zu geben, als uns selbst. Wenn wir uns mal einen Tag lang beobachten und lauschen, wie wir mit uns selbst reden, wie wir uns im Spiegel anschauen, werden wir wie gesagt feststellen, dass wir zu uns selbst oft besonders kritisch sind, schneller an uns zweifeln und uns mehr sorgen. Würden wir so mit unserer besten Freundin oder unserem Freund, unserem Partner oder unserer Partnerin reden?

Dabei ist es entscheidend, wie wir mit uns umgehen. Es geht nicht nur darum, seinen Körper zu pflegen und anzunehmen, wie er ist, sondern auch um den Geist und die Energie, mit der wir durchs Leben gehen. Und das wiederum wirkt auch auf unsere Umgebung. Wenn ich mich selbst wirklich liebe, dann schade ich mir nicht, dann überarbeite ich mich nicht, dann esse ich gesund, dann nehme ich keine Rauschmittel und ich bewege mich zu meinem Wohl.

Manchmal frage ich mich auch: Mir geht es grundsätzlich sehr gut, ich lebe in einem demokratischen Sozialstaat. Warum strebe ich danach, dass es mir noch besser geht? Sollte ich nicht noch mehr für andere da sein? Dann besinne ich mich aber, dass es für die Welt, die uns oft ihre chaotische und unmenschliche Seite zeigt, wichtig ist, dass wir den Frieden in uns finden. Dann tragen wir ihn auch in die Welt.

Deswegen ist es eben nicht egoistisch, wenn man sich mal »rausnimmt« und nur für sich selbst da ist – so gut es eben geht. Dazu braucht es nicht gleich ein Retreat oder ein ganzes Wochenende (wobei das auch manchmal als Auftakt oder Initialzündung nützlich sein kann). Es reicht, sich immer wieder ruhige Momente zu nehmen und sich bewusst zu machen: Du bist genug, du bist geliebt, du bist sicher. Das Gefühl, das wir Kindern und Tieren so leicht geben können, weil wir sie so lieben, wie sie sind – auch wenn sie zwischendurch anstrengen und uns an unsere Grenzen bringen.

Unsere inneren Kinder

Auch wenn wir erwachsen sind, tragen wir alle innere Kinder in uns, die ab und zu unsere Aufmerksamkeit benötigen. Selbst wenn Eltern in der Regel ihr Bestes geben, kann es sein, dass man als Kind irritierende Erfahrungen gemacht hat, mal zu kurz gekommen ist oder bestimmte Situationen nicht verstehen oder verarbeiten konnte. Besonders die ersten sieben Lebensjahre eines Kindes sind sehr prägend. Dann wurde diese Emotion, der Schmerz oder die Verunsicherung gewissermaßen zurückgestellt – und kommt später im Erwachsenenleben in ähnlichen Momenten wieder zum Vorschein. Und das ist gar nicht so schlecht, denn jetzt, als Erwachsene, können wir für uns selbst genauso da sein wie für unsere Kinder. Und wir haben die Möglichkeit, diese Zeit, in der etwas nicht in Harmonie war, gewissermaßen auszubalancieren. Und das ist nicht unwichtig, denn wenn wir uns in der Welt nicht willkommen oder geliebt fühlen, weil zum Beispiel unsere Geburt (aus welchen Gründen auch immer) holprig war, kann uns das prägen. Aber es ist nie zu spät für eine heile Kindheit. Wir können uns aus der Gegenwart zurückversetzen und in uns das Gefühl erzeugen, dass wir alle aus einem Grund auf dieser Welt sind und herzlichst willkommen, immer geliebt.

Es kann auch sein, dass das Gefühl von Mangel dauerpräsent ist, weil es darum geht, sich selbst zu nähren, zu halten und bedingungslos zu lieben. Das zu verstehen und zu verinnerlichen macht das Leben grundlegend einfacher. Dann leben wir aus der Fülle und nicht aus dem Mangel. Unser Herz wird dann magnetisch, denn es gibt so etwas wie das Gesetz der Anziehung: Wenn wir Mangel spüren, zieht dies auch eher Mangel an. Wenn wir uns vollkommen fühlen (auch wenn wir natürlich nicht perfekt sind), dann fühlen wir uns gut und sind automatisch attraktiver für die guten Dinge.

Je freier wir im Inneren sind, wenn wir in einer lebendigen und guten Beziehung zu uns selbst und unseren inneren Kindern stehen, umso freier können auch unsere Kinder aufwachsen. Denn Kinder sind kein Besitz, sie sind ein Geschenk. Es gibt einen schönen Satz von Khalil Gibran in seinem Buch »Der Prophet«, der dies ausdrückt: »Eure Kinder sind nicht eure Kinder. Sie sind Söhne und Töchter der Sehnsucht des Lebens nach sich selbst.«

Die Kunst der Selbstliebe

Die Aufgabe an euch erwachsene Menschen der Familie ist heute deshalb, sich Momente zu überlegen, in denen ihr Liebe spüren und auftanken könnt – unabhängig von der Liebe und Geborgenheit innerhalb der Beziehung zu anderen. Und am besten ist es, dies an Alltagsmomente zu knüpfen, denn dann vergessen wir es nicht, und es ist kein weiteres To-do, das auf der Liste der manchmal schon vielen Aufgaben und täglichen Routinen steht. Ein Beispiel: Wenn wir uns nach dem Duschen eincremen, denken wir dabei oft schon, was wir als Nächstes machen wollen. Warum stressen wir uns eigentlich mit Dingen, die noch gar nicht anstehen? Eine Brücke überquert man auch erst, wenn man sie erreicht hat, oder? Stattdessen könnten wir uns auch entscheiden, ganz bewusst nur bei uns in diesem Moment zu bleiben, wahrzunehmen, zu fühlen, zu spüren.

Und nun kommt der Aspekt der Selbstliebe hinzu: Wie wäre es, sich in diesem Moment mit Liebe zu beschenken? Sich bei jeder Berührung zu sagen: Ich liebe dich, danke. Oder noch besser ist es, ganz eigene Worte zu finden.

Probiert auch mal aus, wie es ist, in den Spiegel zu schauen, wirklich tief in die eigenen Augen, und dann zu sagen: »(*Name*), ich liebe dich.« Das ist gar nicht so einfach. Dann kann man sich dabei noch vorstellen, in die Augen des eigenen inneren Kindes zu schauen und dabei den Satz zu wiederholen. Die Übung braucht etwas Anlauf und darf auch über Wochen immer wieder ausprobiert werden. Wir können uns nicht genug Liebe schenken. Das Gute daran: Es ist wie gesagt nie zu spät, auch wenn wir mal zu kurz gekommen sind. Wir können den Mangel wieder ausgleichen. Das finde ich extrem motivierend.

Am besten ist es, wenn jeder und jede für sich selbst überlegt: Wie könnte mein kleines Selbstliebe-Ritual aussehen? Welcher Moment des Tages darf nur mir gehören? Es muss nicht viel sein, entscheidend ist die Wiederholung und Regelmäßigkeit. Viel Freude beim Ausprobieren!

Und damit sich ein Kreis schließt: Bevor ihr heute Nacht alle ins Bett geht, nehmt euch doch gern noch einmal an den Händen und wiederholt das kleine Ritual: »Piep, piep, piep, wir haben uns alle lieb.« Mal schauen, was ihr dann so träumt.

26. DEZEMBER

ZUSAMMENFASSUNG UND REFLEXION DER IDEEN FÜR DEN TAG

Für alle:

- Kreis der Liebe (ca. 15 Minuten): Wie hat es sich für euch angefühlt, Liebe zu empfangen und zu geben? Habt ihr gerade das Gefühl, voll davon zu sein, oder spürt ihr noch einen Mangel? Was braucht es, um einen Mangel auszugleichen?
- Eine kleine Märchenzeit (ca. 15 Minuten): Kannst du dich noch an das Märchen mit den beiden Mäusen erinnern? Was hat dir daran besonders gefallen? Wie würdest du es einer Freundin oder einem Freund erzählen? Möchtest du noch mehr Märchen lesen?

Für Erwachsene:

- Mein Moment der Selbstliebe (ein paar Minuten): Habt ihr eurer eigenes kleines Selbstliebe-Ritual gefunden und schon einmal ausprobiert? Es wirkt, seid sicher! Bleibt dran.

Für Kinder:

- Hör auf dein Herz (ca. fünf Minuten): Wie fühlt sich dein Herz an? Wann hast du das innere Pochen heute besonders deutlich gefühlt?

DIE DRITTE RAUHNACHT

27. DEZEMBER

Dankbarkeit und Wertschätzung

Monat im kommenden Jahr: März
Positive Affirmation: »Ich bin dankbar für alle schönen Momente in meinem Leben.«
Wiederkehrende Rituale: 3. Wunsch verbrennen, Räuchern, Traumtagebuch schreiben, Karte ziehen
Familienmoment des Tages: Familienalbum erstellen
Ritual für Erwachsene: Dankbarkeits-Brief
Idee von Elfe Njóla: Fantasiereise ins Elfenreich

Heute blicken wir noch einmal zurück und schauen, was uns in diesem Jahr besondere Freude bereitet hat, welche Erlebnisse noch präsent sind und welche Momente uns mit Dankbarkeit erfüllen. Wann fühlen wir uns mit dem Leben, der Natur, den Menschen und uns selbst verbunden? Wann fühlen wir uns sicher? Und wie können wir dafür einfach nur Wertschätzung empfinden? Vielleicht kennt ihr das: Manchmal sind es nicht die geplanten Momente, die uns glücklich machen, sondern Situationen, die uns einfach so überraschen. Natürlich können wir uns vornehmen, heute einen schönen Tag zu haben. Dann gehen wir ins Kino oder fahren ans Meer.

Doch nicht immer müssen es die großen Momente, der Urlaub oder die Freizeit sein, die uns Freude bringen. Es ist manchmal sogar so, dass ein Erlebnis, das besonders schön werden soll, floppt. Das kennen wir alle: Man freut sich auf den Urlaub, aber dann steht man im Stau, das Wetter ist schlecht, das Hotel laut. Schnell werden die Erwartungen und Hoffnungen enttäuscht.

Das gilt auch für die Weihnachtsfeiertage. Nur weil man sich wünscht, dass alles schön und harmonisch abläuft, muss es nicht so passieren. Es ist normal, dass mal etwas danebengeht, das können wir gar nicht beeinflussen. Erst brennen die Kekse an, dann kommen die Gäste zu spät, dann wird jemand plötzlich krank. Es ist nicht zu ändern. Aber wir können entscheiden, was wir daraus machen: Sind wir deswegen schlecht gelaunt oder versuchen wir, den Blick auf das zu lenken, was trotzdem und gerade deshalb gut funktioniert? Macht es besondere Freude, noch einmal neue Kekse zu backen? Und kann man die Wartezeit auf die späten Gäste auch irgendwie schön überbrücken? Ist es dadurch am Ende sogar entspannter?

Dann kann es auch passieren, dass wir vom Leben positiv überrascht werden: Wir freuen uns, dass sich plötzlich ein Schmetterling auf unseren Kopf setzt. Dann tauchen wir ganz in den Moment ein und denken: Oh, wow, wie toll! Es kann sein, dass ein Eichhörnchen über den Weg huscht und uns noch einmal frech anschaut.

Oder wir entdecken plötzlich eine Freundin oder einen Freund auf dem Spielplatz. Wir werden mit netten Worten oder einer liebevollen Umarmung beschenkt oder einem wunderschönen Sonnenuntergang, der uns einfach voll in den Moment zieht. Sodass wir sogar vergessen, ein Foto zu machen. Und deshalb kommt es vor, dass wir oft von den allerschönsten Momenten keine Fotos auf dem Handy haben - was ja auch gut ist. Denn das ist der beste Beweis, dass es wirklich schön war. Wir hatten gar keine Zeit, den Moment festzuhalten, er war so schön, dass wir ihn nicht unterbrechen oder zerstören wollten. Wie ein Rehkitz, das plötzlich im Wald auftaucht, und alle halten den Atem an, um es nicht zu verschrecken.

Euer Buch des Jahres

Das Gute ist: Selbst wenn wir keine Fotos haben, tragen wir diese Bilder von besonders magischen Momenten wie Schätze in uns. Wie wäre es, diese heute einfach aufzumalen oder aufzuschreiben und daraus ein kleines Buch zu erstellen? Ich schreibe extra nicht Fotobuch, das man zackzack digital erstellen und dann ausdrucken kann, sondern ein ganz einfaches Album schöner Momente, das alle zusammen gestalten. Und das muss gar nicht aufwendig sein: Alle malen/schreiben/basteln ihren schönsten Moment aus dem vergangenen Jahr auf ein Blatt Papier, und am Ende macht ihr ein Buch daraus, indem ihr die Blätter einfach locht und Geschenkband vom Weihnachtsabend durchbindet. Fertig! Und dann könnt ihr euch gemeinsam hinsetzen, und alle erzählen von ihrem Höhepunkt des vergangenen Jahres. Natürlich können es auch mehrere sein, wie ihr wollt. Und vielleicht macht ihr auch die Erfahrung: Egal, wie viele tolle Filme und Bücher es auch gibt, die Geschichten, die das eigene Leben schreibt, berühren uns immer noch am meisten. Viel Freude dabei!

Danke, danke, danke!

Besondere Momente noch einmal zum Leben zu erwecken, sich zu erinnern und gemeinsam darin zu schwelgen ist das eine. Das andere sollte sein, dafür einfach dankbar zu sein. Denn selbstverständlich ist vieles nicht. Ab und zu sehnen wir uns nach einem besseren und noch schöneren Leben. Dabei machen wir mehr tolle Erfahrungen, wenn wir uns erlauben, innezuhalten und für das dankbar zu sein, was bereits da ist. In diesem Moment! Jetzt!

Ich versuche am Morgen, noch bevor ich die Augen aufmache, zuallererst an drei Dinge zu denken, für die ich wirklich dankbar bin. Und dasselbe mache ich auch vor dem Schlafengehen. Es dauert nur Sekunden, ist aber extrem wirkungsvoll. Es macht einen gigantischen Unterschied, ob wir mit Sorgen einschlafen und aufstehen – oder mit Zufriedenheit und Freude im Herzen.

Dankbarkeit bringt uns in eine andere Stimmung, und das strahlen wir dann auch aus.

Wenn wir mal ganz ehrlich sind, können wir gar nicht wissen, wie es uns gehen würde, sollte etwas Bestimmtes eintreten. Manche Menschen träumen, im Lotto zu gewinnen. Das ist auf der einen Seite verständlich, denn Geld kann Freiheit und Sicherheit bringen – muss es aber nicht. Wir wissen nicht, was dieser Moment in unserem Leben bewirken würde. Vielleicht gar nicht das dauerhafte und nachhaltige Gefühl von Zufriedenheit. Und dann? Wäre das nicht ein Grund, enttäuscht zu sein und immer weiter zu suchen? Was erfüllt mich denn dann? Ein Glück wäre, dann zu erkennen, dass die nachhaltigste Erfüllung aus dem Inneren entsteht und bereits alles dafür da ist. Falls man dies einmal nicht fühlen kann: Wäre es nicht besser, sich vorzustellen, wie man sich fühlen möchte und dieses Gefühl so oft wie möglich zu erzeugen? Was dann so im Außen passiert, ist wie ein Bonus. Egal, welche Umstände uns begleiten. Das ist oft leichter gesagt als getan, aber machbar.

Deswegen wäre es schön, wenn ihr alle jeweils drei Dinge benennen könntet, für die ihr dankbar seid und diese einfach vor dem Essen (egal, welche Mahlzeit des Tages), wenn ihr sowieso alle zusammensitzt, laut aufzählt: Ich bin dankbar für das schöne Frühstück, dass ich geliebt werde und dass mein Teddy jede Nacht im Schlaf mit mir kuschelt. Fühlt dabei die Dankbarkeit. Das ist wichtig. Nicht nur Worte sagen, sondern auch von ganzem Herzen dabei sein. Und wenn jemandem nichts einfällt, startet die Runde noch einmal – bis alle dreimal Dankbarkeit geäußert haben.

Vielleicht möchte jemand alles kurz aufschreiben, und ihr legt den Zettel in eure Schatzkiste und/oder auf den Familienaltar? Dann könnt ihr diese immer wieder anschauen, besonders wenn ihr mal das Gefühl habt: Ich bin unzufrieden, mir ist langweilig oder ich fühle mich nicht gut.

Zum Vorlesen: Fantasiereise ins Elfenland

Liebes Menschenkind,

nun habe ich schon ganz viel von dir erfahren und gehört, was für dich schöne Momente in deinem Jahr waren. Ganz toll, ich freue mich! Heute will ich dich ein wenig mit in meine Elfen-Welt nehmen und auch einen schönen Moment mit dir erleben. Hast du Lust? Du kannst es dir einfach gemütlich machen und dich mit einer Decke auf das Sofa oder einen flauschigen Teppich kuscheln. Wichtig ist, dass du dich wohl und warm fühlst. Vielleicht möchte deine Puppe oder dein Lieblingskuscheltier auch mitmachen? Wunderbar!

Deine Mama, deine Oma, dein Papa oder dein Patenonkel lesen dir dann ganz langsam vor, was ich hier für dich aufgeschrieben habe – eine kleine Fantasiereise in meine wunderbare Welt voller Magie. Bist du bereit?

Fantasiereise in Njólas Welt (zum Vorlesen mit stillen Pausen):

Ich bin's, Njóla, ich nehme dich mit auf eine wunderbare Fantasie-Reise. Dafür kannst du gern deine Augen schließen, damit du deine inneren Bilder besser siehst.

Spür noch einmal, wie gut und sicher du liegst, dass du Halt hast und dass du jederzeit auch die Augen wieder öffnen kannst.

(*Pause*)

Es gibt für dich nun nichts zu tun, als zuzuhören und in Gedanken mitzureisen, ähnlich wie beim Träumen. Nur bleibst du wach. Also, schlaf nicht ein! Hihi! Das wird schön!

Du atmest ganz entspannt … so ist es super, genau. Und beim nächsten Atemzug landest du schon in meiner Welt, meiner Elfenheimat in Island.

Ich komme von einem Ort, an dem immer ein kleiner Bach im Hintergrund plätschert. Hörst du ihn rauschen? Und siehst du mich vielleicht auch darin fröhlich baden? Ich säubere gerade meine Flügel von dem ganzen grünen Moos, das ab und zu daran hängen bleibt, wenn ich mich dort ausruhe. Kennst du Moos? Das sieht aus wie ein grasgrüner Teppich aus Wattebäuschen und ist ganz fluffig. Da kann man drauf herumspringen und sich einfach hineinfallen lassen. Es ist so weich, dass nichts passiert. Kannst du das auch? Dich in Gedanken einfach so fallen lassen? Plumps!

(*Pause*)

Sehr gut gemacht! Du merkst: Du fällst weich in das Moos, und notfalls bin ich auch noch da, um dich aufzufangen.

Ich bin zwar klitzeklein, aber stark, weißt du?

Hier im Buch tauche ich allein auf, aber eigentlich sind wir Elfen nie allein, wir lieben es, mit unserer Familie und Freunden zusammen zu sein. Wir unterhalten uns die ganze Zeit. Hörst du das leise Summen und unsere Stimmchen? Wir fliegen gern zusammen von Blume zu Blume – und schauen sie uns genau an. Besonders im Sommer ist es in Island immer hell, und wir vergessen manchmal die Zeit, wenn wir so von Blüte zu Blüte springen.

Kannst du die Wärme der Sonne spüren, wie sie dein Gesicht kitzelt? Kannst du auch die Blumen sehen? Sie sind gelb und blau. Willst du dir eine schöne Blume aussuchen, die dir besonders gefällt?

(*Pause*)

Schau sie dir gern genauer an: Wie schön sie ist. Die Farbe, die Form, der Duft. Halte sie in deiner Hand, berühre sie, ohne sie zu pflücken. Betrachte sie einfach. Vielleicht landet auch eine Biene, eine unserer guten Freundinnen aus der Tierwelt, auf der Blüte.

(*Pause*)

Dann schau dir die Blume an und sprich mir im Inneren leise nach: »Diese Blume ist wunderschön, genau wie ich.« Ja, du hast richtig gehört: Stell dir vor, dass du nun die Blume bist, die auf einer Wiese wächst. Das Licht der Sonne lässt dich wachsen und macht dich stark. Fühle es. Die Wärme. Die Stärke. Deine Wurzeln halten dich fest, falls mal der Wind über dich hinwegfegt. Kannst du das spüren? Deine Wurzeln, die dich halten und gleichzeitig mit Wasser und Nährstoffen aus dem Boden versorgen? Wenn du willst, kannst du auch einen Moment einfach im Wind schaukeln. Alles ist gut. Genieße den schönen Moment.

(*Pause*)

Dann merkst du plötzlich, wie ich dich besuche. Hallo, ich bin's, deine kleine Freundin Njóla. Ich wippe mit dir im Wind und flüstere dir durch deine Blütenblätter zu: »Ich mag dich. Es ist schön, dass es dich gibt. Danke, dass wir Freunde sind!«

(*Pause*)

Dann wird es Zeit, wieder zurückzureisen, nach Hause. Ich komme mit dir. Moment, nimm einen Atemzug … und ping! Bist du zurück. Du spürst wieder, wie du gemütlich daliegst und kannst in deinem Tempo deine Augen öffnen. Nun siehst du mich nicht mehr, aber ich bin trotzdem da – und du kannst jederzeit an diesen schönen Ort im Elfenland zurückkehren. Hier ist immer Sommer, auch wenn Winter ist. Egal, wenn das außer uns beiden niemand versteht!

Deine Njóla

Innehalten durch intuitives Schreiben

Tagebuch oder Briefe schreiben ist etwas, das schon unsere Vorfahren zur Kommunikation mit sich selbst und anderen nutzten. Und in gewisser Weise entschleunigt es allein dadurch, dass wir mit Hand langsamer und bewusster schreiben. Heute spricht man von Journaling. Aber es geht immer noch darum, Erkenntnisse jenseits der Alltagsgedanken zu finden, schöne Momente festzuhalten oder passende Worte für jemand anderen zu wählen. Deswegen schlage ich heute als kleines Ritual für die Erwachsenen (und älteren Kinder) der Familie eine Schreibübung vor.

Nicht alle Menschen haben einen befreiten Zugang zum Schreiben. Manche verbinden damit schlechte Erlebnisse aus der Schulzeit oder haben die Befürchtung, bewertet zu werden oder es schlichtweg nicht zu können. Beim Journaling geht es nicht darum, schön, gut oder besonders perfekt zu schreiben, sondern einfach darum, Worte aus sich herausfließen zu lassen. Dabei darf man schneller als die Gedanken sein. Worte haben ihre eigene Magie, und ich liebe es zu beobachten, was sich von selbst auf dem Papier zeigt. Das kann ein wunderbares Ventil sein, um Emotionen freien Lauf zu lassen, Erlebnisse zu verstehen oder Klarheit zu finden.

Dabei ist es gut, wenn der Verstand ein wenig ausgeschaltet ist und wir eher in uns hineinhören und einfach losschreiben. Also: nichts vorher überlegen und durchdenken, sondern unserer Intuition vertrauen. Was will raus?

Hilfreich ist es, kurz vorher die Augen zu schließen, drei tiefe Atemzüge zu nehmen, die Sitzfläche zu spüren und sich bewusst zu machen: Welche Intention habe ich? Dazu könnt ihr euch auch ein Zeitlimit setzen, währenddessen der Stift nicht ruhen sollte. Egal, ob dann dort steht: »Ich weiß nicht, was ich schreiben soll.« So haben wir keine Zeit, Gedanken und Grübeleien Raum zu geben. Es geht einfach immer weiter, jenseits des Verstandes. Und alles, was dann am Ende dort steht, macht einen Sinn, selbst wenn es oberflächlich betrachtet erst einmal keinen Sinn zu ergeben scheint.

Da das heutige Thema Dankbarkeit für schöne Momente ist, schlage ich vor, dass du einen Brief an einen Menschen schreibst, der dich in diesem Jahr auf besondere Art begleitet hat und ihm in deinen Worten dankst.

DANKBARKEITSBRIEF

Nimm dir für diese Übung eine halbe Stunde Zeit und schreibe einfach ganz frei von Herzen einen Brief an wen auch immer du magst. Lass die Worte nach einem kurzen Innehalten frei fließen. Wofür bist du dankbar? An welche schönen gemeinsamen Momente erinnerst du dich? Ob du den Brief dann abschickst oder nicht, kannst du dir später überlegen. Die Energie hinter den Worten wird auf jeden Fall ankommen. Übrigens: Du kannst diesen Brief auch an dich selbst schreiben. Immerhin bist du der Mensch, mit dem du die meiste Zeit verbracht hast, verbringst und noch verbringen wirst. Tag und Nacht. Vom ersten bis zum letzten Atemzug.

Wir hoffen, ihr hattet einen Tag mit vielen schönen Momenten, mit Dankbarkeit im Herzen und der daraus entstehenden Freude und Erfüllung. Wir bedanken uns an dieser Stelle schon einmal für das Vertrauen, und dass ihr euch auf so viel Neues einlasst. Und für den Mut, bewusster zu sein, mehr zu spüren. Das ist ja nicht selbstverständlich!

ZUSAMMENFASSUNG UND REFLEXION DER IDEEN FÜR DEN TAG

Für alle:

- Familienalbum erstellen (ca. 30 Minuten): Welches Bild oder welche Geschichte ist euch besonders in Erinnerung geblieben? Und habt ihr einen guten Ort für das Familienalbum gefunden? Es ist wunderbar, immer mal wieder darin zu blättern.
- Dankbarkeits-Runde (ca. zehn Minuten): Wirkt die Runde noch nach? Und habt ihr vor, dies regelmäßig zu wiederholen?

Für Erwachsene:

- Dankbarkeitsbrief (ca. 20 Minuten): Wie war es, diesen Brief an dich oder jemand anderen zu schreiben? Willst du ihn absenden?

Für Kinder:

- Fantasiereise ins Elfenland (ca. 15 Minuten): Hat dir die kleine Fantasiereise gefallen? Du kannst sie jederzeit noch einmal machen. Dann wirst du wahrscheinlich ganz andere Sachen sehen und erleben.

DIE VIERTE RAUHNACHT

28. DEZEMBER

Die Natur als Kraft- und Inspirationsquelle

Monat im kommenden Jahr: April
Positive Affirmation: »Die Natur ist mein Kraftort.«
Wiederkehrende Rituale: 4. Wunsch verbrennen, Räuchern, Traumtagebuch schreiben, Karte ziehen
Familienmoment des Tages: Erkundungsspaziergang in der Natur
Ritual für Erwachsene: Natürlichkeit in uns
Idee von Elfe Njóla: Schatzsuche

Egal, wo und wie wir leben: Natur ist immer um uns herum. Selbst wenn wir in einem Hochhausdschungel wohnen, gibt es immer einen Baum in der Nähe, den Himmel, die Sterne, den Mond, die Sonne und den Boden unter unseren Füßen.

Natürlich ist es einfacher, die pure Natur zu genießen und darin aufzutanken, wenn die Stadt mit ihren Geräuschen und künstlichen Lichtern in der Ferne liegt, aber auch in der Großstadt können wir die Natur als Kraft- und Inspirationsquelle (neu) entdecken. Sie ist verlässlich und strahlt Ruhe aus: der Blick in den Himmel oder ein Bergpanorama. Es ist schön, wenn wir uns einfach an ihr erfreuen können, denn die Natur ist immer und jederzeit für alle da.

Wir können uns darauf verlassen, dass Bäume im Herbst ihre Blätter verlieren und Blumen im Frühjahr wieder sprießen. Jeden Tag geht die Sonne auf und unter, der Mond erhellt die Nacht, auch wenn wir ihn nicht immer sehen. Aber es schafft Vertrauen, diese Vorgänge so oft wie möglich bewusst zu beobachten und wahrzunehmen. Und zu schätzen. Wie wir geht auch die Natur durch verschiedene Phasen und Zyklen, sie passt sich dem Kreislauf und den Gegebenheiten an und bekommt ihre Energie von der Sonne und aus dem Boden.

Rückverbindung mit der Natur

Früher waren die Menschen der Natur noch mehr ausgeliefert und von ihr abhängig als heute – so denken wir manchmal, weil sie zum Beispiel viel von ihren Nahrungsmitteln selbst anbauten und keine Zentralheizung hatten. Aber ist es so, dass wir nun von der Natur unabhängig und getrennt sind?

Wenn man genau hinschaut, ist es nicht egal, wie es der Natur geht, und wir sind mehr von ihr abhängig, als uns bewusst ist. Früher gab es schlechte Ernten und dann viel eher eine Hungersnot, aber wir dürfen nicht vergessen, dass das auch heute noch in Teilen der Welt Realität ist.

Wenn es der Natur schlecht geht, wirkt sich das direkt auf uns aus. In Form von schlechter Luft und im schlimmsten Fall von Naturkatastrophen. Und wir sind mittendrin: Fleisch von schlecht gehaltenen Kühen und Fisch aus toxisch belasteten Meeren ist nicht gut für uns, auch wenn wir die Auswirkungen nicht unmittelbar spüren. Eine Orange, die Anfang des 19. Jahrhunderts geerntet wurde, hatte rund achtmal so viel Nährstoffe als heutzutage, weil sich unter anderem die Qualität der Böden verändert hat.

Deshalb ist es wichtiger denn je, die Natur und die Tiere wieder als Verbündete zu sehen. Die Menschen der Naturreligionen hielten ihre Zeremonien und Rituale im Freien, an besonderen Kraftplätzen in der Natur ab, was die Verbindung stärkte und Wertschätzung und Ehrfurcht ausdrückte. Denn auch wenn wir die Natur an vielen Stellen zähmen und bezwingen, ist sie dennoch stärker als wir. Wer einmal (so wie ich und Njóla) vor einem Lava spuckenden Vulkan stand, weiß, wie sich Demut anfühlt.

Njóla kommt aus einem Land, wo die Natur an vielen Orten noch komplett sich selbst überlassen ist. Der Mensch ist hier Gast, und das spürt man besonders, wenn man vor einem Geysir oder einem jahrtausendealten Gletscher steht. Es sind gewaltige Kräfte, die hier frei werden oder eingefroren sind. Und wenn wir uns mit der Natur und unserer Natürlichkeit bewusst verbinden, dann können wir uns daran stärken und nähren.

Natürlich gibt es auch weniger gefährliche Orte als einen brodelnden Vulkan, wo man diese Energie spüren kann. Nicht umsonst ist der Trend des »Waldbadens« aufgekommen, bei dem es darum geht, sich in einer natürlichen Umgebung achtsam zu bewegen und sie mit allen Sinnen wahrzunehmen. Das hat nicht nur einen Effekt auf uns, sondern auch wieder auf die Natur, denn wenn wir diese respektieren und schätzen, dann setzen wir uns auch für den Erhalt ein. Dann pflanzen wir vielleicht bienenfreundliche Blumen, hinterlassen weniger Spuren und entscheiden uns, öfter das Rad als das Auto zu nutzen, keine Kurzstrecken zu fliegen oder so gut es geht zu nachhaltig angebautem Obst und Gemüse zu greifen. Es ist leichter, wenn man dies aus einer Haltung des Respekts und der Liebe für die Natur und andere Lebewesen tut und nicht, weil es korrekter oder eben moralisch gesehen besser wäre.

Was auch wichtig ist: sich nicht zu fürchten. Ein Wald ist in der Regel viel ungefährlicher als eine Großstadt bei Nacht, dennoch fühlen sich viele auf dem Betonterrain sicherer. In die Natur gehen wir oft mit Survival-Packs und Schutzkleidung. Dabei sind viele Orte sehr sicher, und mal nass oder dreckig zu werden ist nun wirklich kein Ding. Tiere sind oft nicht so gefährlich wie Autos. Und je früher wir diese Verbindung aufbauen und pflegen, desto besser ist es für den Planeten und für uns. Denn so viel wir auch auf uns achten, meditieren, Sport machen, geliebt werden, dankbar sind, – wir alle kommen ab und zu an unsere Grenzen und brauchen frischen Wind. Die Natur ist für alle da. Immer. Solange wir sie schützen.

Deswegen schicken wir euch heute auf einen gemeinsamen entspannten Erkundungsspaziergang in der Natur. Ihr braucht dafür gar nicht irgendwo hinfahren, es ist sogar besser, die Natur direkt vor der Haustür zu erkunden – solange ihr wollt natürlich. Und das ist übrigens auch während der Dunkelheit möglich. Vielleicht wird das sogar ein besonderes Abenteuer: in der Nacht rausgehen. Wir haben ein paar Ideen für euch, was ihr unterwegs gemeinsam machen könnt, und Njóla hat noch eine besondere Schatzsuche für die Kinder vorbereitet.

ACHTSAMKEITS-ÜBUNGEN FÜR DEN SPAZIERGANG

- **Wo ist der Himmel?** Bevor ihr losgeht, schaut in den Himmel. Wie sieht er heute aus? Lasst die Kinder beschreiben, was sie sehen, ohne es zu bewerten! Vielleicht wollt ihr etwas ergänzen? Sollte er mit Wolken verhangen sein, dann stellt euch vor, dass dahinter der immer gleiche Himmel wie eine beständige Fläche ruht. Die Wolken kommen und gehen, ähnlich wie die täglichen Gedanken. Und auch in euch gibt es etwas, das immer gleich bleibt. Egal, was auf der Oberfläche passiert. Das kann beruhigen.
- **Den Boden spüren.** Fühlt mal, wie die Füße mit dem Boden verbunden sind. Spürt ihr die Erdanziehung? Und wenn nicht, dann stellt euch vor, dass ihr mit dem Ausatmen schwerer und wie von Magneten angezogen und gehalten werdet. Wir können gar nicht von der Erde fallen. Besonders schön ist es natürlich, wenn wir dies barfuß machen, obwohl es dafür gerade ein bisschen zu kalt ist. Obwohl: Zu einer Kneipp-Kur gehört zum Beispiel auch Schneetreten. Dafür stakst man barfuß durch den Schnee und wärmt sich danach direkt wieder auf. Wenn ihr die Schuhe trotzdem lieber anlasst, probiert es mal im Sommer aus, dann ist

es angenehmer! Überhaupt, immer mal wieder ohne Schuhe zu laufen ist sehr erdend. Ich mache das immer, wenn ich an einen neuen Ort komme, um mich zu verbinden und den Ort zu fühlen. Das erleichtert mir, dort richtig zu landen. Insbesondere, wenn ich eine weite Strecke gereist bin.

- **Sinne testen.** Wenn ihr irgendwo eine nette Stelle zum Verweilen gefunden habt, dann wechselt euch mal damit ab, euch gegenseitig Sinnesaufgaben zu stellen. Das geht so: Ihr beschließt, dass alle für einen Moment »nur hören« oder »nur sehen«, »nur fühlen«, »nur riechen«. Wie ist es, wenn man einem Sinn ganz genau nachspürt? Tauscht euch gern im Anschluss über die Erfahrung aus.
- **Kraftquelle Baum.** Es ist ein bisschen klischeehaft, wenn Menschen Bäume umarmen, aber eigentlich ist es nicht so dumm. Bäume haben starke Wurzeln, überdauern zäh so manche Umstände, und sie stehen verlässlich immer an derselben Stelle. Bäume schenken uns Sauerstoff, sie kommunizieren mit Artgenossen und sind Lebensraum für viele Tiere. Sie haben also eine große Kraft, die uns bestärken kann, wenn wir es auch bewusst zulassen. In der keltischen Mystik ging man davon aus, dass die Menschheit ihren Ursprung in Bäumen hat, und es gab ein Baumhoroskop, dass die jeweiligen Eigenschaften

einer bestimmten Baumart mit dem menschlichen Charakter verband. Ich habe schon viele Bäume, auch jahrtausendealte, auf dieser Erde besucht. Und jedes Mal spürte ich Ehrfurcht und Respekt. Was, wenn dieser Baum seine Erlebnisse teilen könnte? Es ist gut, sich einen Kraftbaum in der Umgebung auszusuchen, wo man jederzeit hingehen kann. Vielleicht findet ihr als Familie einen Baum, der euch besonders gefällt. Legt die Hände auf die Rinde und tankt mit ein paar Atemzügen auf. Und guckt ihn euch mal ganz genau an: Was gibt es an ihm zu entdecken?

- **Tierisch lustig.** Schaut euch so lange um, bis ihr ein Tier entdeckt: ein Vögelchen, ein Insekt oder auch einen Hund, der Gassi geht. Beobachtet das Tier für eine Weile, bis ihr schmunzeln müsst, weil das Tier etwas Lustiges macht, und erzählt den anderen davon. Die Natur kann ein sehr unterhaltsames Kino sein, bei dem wir exklusive Betrachter sein dürfen. Und dafür muss man ganz sicher nicht in einen Zoo gehen, wo die Tiere eben nicht natürlich agieren (können).

Schatzsuche

Liebes Menschenkind,

liebst du es auch so sehr wie ich, draußen zu spielen? Wir Elfen sind bei Wind und Wetter in der Natur. Ich kann mir nichts Schöneres vorstellen, als wenn ein Windstoß mich herumwirbelt und ich Purzelbäume in der Luft schlage. Oder wenn ich meine Flügel bei gutem Wetter sonnen kann. Auch wenn ich oft in derselben Umgebung herumflattere, entdecke ich immer etwas Neues, wenn ich nur ganz genau hinschaue. Heute wollen wir unsere Schatzkiste etwas bereichern. Bist du dabei? Schau dich, wenn du mit deiner Familie spazieren gehst, doch mal nach einem kleinen Schatz aus der Natur um. Das kann ein Zauberstein sein, eine magische Muschel oder ein Stöckchen, das zu einem Zauberstab wird, wenn du noch einen Stern oder eine Kugel an der Spitze anbringst. Am Ende legst du deinen Fund als Glücksbringer in deine Schatzkiste, aus der du ihn immer wieder rausholen kannst, damit er dir ein gutes Gefühl gibt. Vielleicht findest du auch mehrere Schätze? Dann kannst du etwas davon Freunden und Freundinnen schenken. Erzähl mir alles und zeig mir deine Schätze, ja? Jippieh!

Deine Njóla

Die Natur in uns entdecken

Nach dem schönen Spaziergang in der Natur tut es gut, wieder nach Hause zu kommen, sich aufzuwärmen, auszuruhen und ein warmes Getränk zu genießen. Wenn wir bewusst durch die Natur gehen oder uns dort aufhalten, lernen wir auch immer etwas über uns selbst. Die Natur kann ein Spiegel unseres Seins sein, denn wir sind alle miteinander verbunden. Es gibt zum Beispiel Tiere, die für uns eine besondere Bedeutung haben und genau in dem Moment auftauchen, wenn wir eine Erinnerung daran brauchen. Schmetterlinge stehen bei mir für Leichtigkeit, Freude und dass alles im Fluss ist. Immer wenn ich einen sehe – sogar auch irgendwo als Bild –, dann ist das eine wunderbare Bestätigung, dass alles gut läuft.

Wenn wir uns erlauben, etwas mehr im Rhythmus der Natur und gemäß unserer eigenen Natur zu leben, werden wir nicht nur authentischer, sondern haben auch mehr Kraft und Energie zur Verfügung. Es gibt ja die bekannte Einordnung in Eulen und Lerchen unter Menschen. Dann sind wir entweder Morgen- und Tag-Menschen oder eher Abend- und Nachtmenschen – manchmal auch etwas dazwischen. Natürlich lässt es der Alltag nicht immer zu, danach zu leben. Aber dennoch ist es nicht gut, dauerhaft gegen den natürlichen Rhythmus zu leben.

Dazu kommt, dass besonders Frauen eher zyklisch ausgerichtet sind, allein schon wegen ihres eigenen Zyklus, der natürliche Energiehochs und -tiefs mit sich bringt. Es ist leichter, das zu akzeptieren und im Alltag zu berücksichtigen, als dagegen anzukämpfen oder uns zu sehr zu pushen. Im Allgemeinen sind Frauen rund um ihren Eisprung aktiver und haben mehr Energie, mehr Lust draußen und in Gesellschaft zu sein. Wenn sie ihre Regelblutung haben, dann setzt auch oft Müdigkeit und der Wunsch, allein zu sein, ein. Es kann aber auch genau anders herum sein. Was ich damit sagen will: Es ist wichtig, seine Natur zu achten und offen mit den Menschen, mit denen man zusammenlebt, zu kommunizieren.

Die Elemente Feuer, Wasser, Erde, Luft – sie sind alle auch in uns vertreten. Feuer steht für Energie und Leidenschaft, Wasser für Gefühle und Hingabe, Erde für Halt, Sicherheit und Vertrauen, Luft für Gedanken, Übersinnliches und Kreativität. Es ist hilfreich für uns, wenn die Elemente in Balance sind – genau wie in der Natur.

Als heutige kleine Reflexionsübung für die erwachsenen Menschen der Familie habe ich zehn Impulsfragen aufgeschrieben. Du kannst sie dir selbst beantworten oder gemeinsam mit Menschen, die dir wichtig sind. Du kannst sie aufschreiben oder einfach im Kopf durchgehen.

IMPULSFRAGEN: DIE NATUR IN MIR

1. Wann merkst du, dass du viel Energie hast?
2. Wie fühlst du dich, wenn du Rückzug brauchst? Wann ist das?
3. Bist du ein Sommer-, Frühling-, Herbst- oder Wintermensch, und warum fühlst du dich in deiner Lieblingsjahreszeit besonders gut?
4. Welche Natur gibt dir besonders viel Kraft und warum: Meer, Wald oder Wiesen?
5. Zu welchen Tageszeiten brauchst du eine Pause, und wie würdest du sie am liebsten verbringen?
6. Was ist dein Lieblingselement und warum: Wasser, Erde, Feuer, Luft?
7. Welches Element möchtest du noch weiter erforschen oder kennenlernen, welches macht dir vielleicht sogar etwas Angst?
8. Welche kleine Veränderung könntest du in deinem Tagesablauf vornehmen, damit er mehr deiner Natur entspricht?
9. Welche natürliche Nahrung (keine Industrieprodukte) und welche Bewegung in der Natur (Joggen, Radfahren, Schwimmen, ...) gibt dir Energie?
10. Hast du ein Lieblingstier, und was magst du besonders daran? Gibt es eine Pflanze, die dir besonders gefällt? Welche Eigenschaften haben diese Wesen? Gibt es Parallelen zu dir?

Wir hoffen, dass auch dieser Tag euch bereichert hat und wünschen euch eine erholsame Nacht – wann immer ihr auch gern ins Bett geht.

28. DEZEMBER

ZUSAMMENFASSUNG UND REFLEXION DER IDEEN FÜR DEN TAG

Für alle:

- Achtsamkeits-Spaziergang (so lange ihr könnt und wollt): Wie gibt euch die Natur Kraft und Erholung? Welche der Achtsamkeitsübungen hat euch besonders gefallen?

Für Erwachsene:

- Impulsfragen: Die Natur in mir (ca. 15 Minuten): Welche Erkenntnisse konntest du aus der kleinen Selbstbefragung erhalten? Wie könntest du diese im Leben umsetzen?

Für Kinder:

- Schatzsuche in der Natur (ca. zehn Minuten): Hast du deinen Schatz gefunden, und warum ist er für dich so wertvoll und wunderschön?

DIE FÜNFTE RAUHNACHT

29. DEZEMBER

Erinnerung an fordernde Momente

Monat im kommenden Jahr: Mai
Positive Affirmation: »Ich bin begleitet und beschützt.«
Wiederkehrende Rituale: 5. Wunsch verbrennen, Räuchern, Traumtagebuch schreiben, Karte ziehen
Familienmoment des Tages: Raum für Emotionen
Ritual für Erwachsene: SOS-Atemtechnik üben
Idee von Elfe Njóla: Schutzsymbol basteln

Im Leben läuft nicht immer alles nach Plan, und manchmal passieren Dinge, die uns nicht gefallen, die uns traurig machen, die uns Angst und Sorgen bereiten. Freude und Leid gehören zusammen wie Chaos und Ordnung. Ohne das eine kann es das andere nicht geben.

Wir neigen dazu, Unbequemes zu vermeiden, es möglichst nicht zu fühlen und nicht auszusprechen. Manchmal ist das auch für den Moment die bessere Entscheidung, aber es bringt nichts, etwas auf Dauer zu unterdrücken.

Denn diese Dinge sind dann trotzdem noch da, und das Wegdrücken kostet unnötige Kraft.

Heute wollen wir spüren, was uns noch aus dem vergangenen Jahr bewegt – jetzt, wo wir in der Ruhe angekommen sind, umgeben von Liebe, gestärkt durch die Kraft der Natur. Wie immer mit Leichtigkeit und Freude – und nur so, wie es gerade geht.

Schutzsymbol basteln

Liebes Menschenkind,

wie du weißt, komme ich aus einem Land, das weiter im Norden liegt, eine Insel mitten im rauen Meer. Island! Früher lebten hier die Wikinger, die mutig in andere Länder segelten. Meine Elfen-Verwandten erzählen mir immer noch Geschichten, die sie von ihren Opas und Omas gehört haben. So eine Reise war für die Wikinger nicht ungefährlich, deswegen baten sie vor jeder Reise bei ihren Göttern um Schutz und verzierten auch ihre Schilde mit bestimmten Symbolen und Zeichen.

Sie glaubten nicht nur an einen Gott, sondern an viele verschiedene: Thor, den Wettergott, oder Freya, die Göttin der Liebe, und natürlich Odin, den Göttervater. Bei euch in Nord- und Mitteleuropa lebten die Germanen und Kelten, die ebenfalls ihre eigenen

Götter hatten. Egal, woran du glaubst und was dir wichtig ist, wir alle haben die Sehnsucht, etwas Größerem zu vertrauen und dort um Schutz zu bitten.

Ich vertraue Vater Himmel und Mutter Erde. Ich nenne sie so, weil ich mich mit ihnen so verbunden fühle wie mit meinen richtigen Eltern. Der Himmel schaut liebevoll und schützend auf mich, die Erde trägt und nährt mich, weil auf ihr die schönen Blüten wachsen, aus denen mein köstlicher Honig entsteht. Und als Schutzsymbol besitze ich eine Kette mit einer leuchtenden Sonne. Uns Elfen gibt die Sonne besonderen Schutz und Kraft. Wir tanken in ihren Strahlen auf, fühlen uns gewärmt, geliebt und unendlich beschützt. Nun bin ich neugierig: Was macht dir Angst? Wer beschützt dich? Was gibt dir Kraft? Heute wollen wir ein Symbol für diesen Schutz basteln: eine Kette, ein Armband, ein gemaltes Zeichen auf einem Blatt Papier oder ein Kleidungsstück wie ein T-Shirt, das du selbst gestaltest. Ich bin sehr gespannt, was du aussuchst und was in deiner Schatzkiste landet.

Deine Njóla

Halt finden

Wir alle haben unsere täglichen Herausforderungen, und manchmal passiert etwas, das uns mehr mitnimmt und beschäftigt. Es ist nicht so einfach, darin das Positive zu sehen und die Chance, daran zu wachsen. Aber wenn wir Ereignisse aus einer ganzheitlichen Sicht betrachten, sind sie erst einmal neutral. Nicht anders als die guten Momente. Die Bewertung und die Emotionen kommen von uns – und das ist menschlich.

Wir sind auch mal überwältigt, Schmerz lähmt, unser Atem stockt, und es tut auch weh. All das zeigt, wie sehr wir auch mit dem Körper verbunden sind und dass sich seelische Schmerzen körperlich zeigen können. Das ist natürlich unangenehm, aber das Gute daran ist: Wir können den Schmerz lokalisieren und transformieren. Er wird dadurch fühlbar und greifbar. Und die Erfahrung hat uns gezeigt: Es wird besser. Egal, wie tief der Schmerz oder die Verletzung sitzt, wir heilen irgendwann. Und wir können entscheiden, dass uns diese Erfahrung nicht dauerhaft bestimmt, sondern dass wir uns Schritt für Schritt davon lösen, indem wir fühlen, akzeptieren und dann loslassen. Eine andere Perspektive einnehmen. Und dann daran wachsen.

Gefühle sind übrigens das, was wir unmittelbar im Moment als Reaktion auf eine Situation wahrnehmen. Emotionen entstehen durch die Erinnerung, also durch Gedanken. Insofern sind wir stärker und können uns immer wieder liebevoll anders entscheiden: Ja, ich sehe und fühle die Verletzung – aber auch die Freude. Denn die ist immer da, egal was passiert, wenn wir uns nur aktiv darum bemühen, sie zu entdecken und zu fühlen. Ein einfacher und schneller Trick ist es, das innere Lächeln einzuladen. Schließt für einen Moment die Augen und spürt, wie die Freude hochsteigen darf, ein Lächeln, auch wenn es keinen Sinn ergibt. Wenn nichts kommt, dann lächele einfach und schau, was passiert: Folgt die Freude?

Gefühle ausleben

Wenn die Situation akut ist, braucht es Stabilität, Beruhigung – und sonst erst einmal nichts. Wenn ein Kind gefallen ist, will es umarmt werden, mit einem Lied beruhigt, und es braucht dann eine Weile, bis die Tränen versiegt sind. Danach kann es dann gleich wieder lachen und unbeschwert spielen.

Kinder haben einen authentischen Umgang mit Gefühlen, wenn man sie lässt und – das ist ganz wichtig – wenn man ihre Gefühle einfach bestätigt. Wenn ein Kind sagt, dass es wütend ist, dann soll es das sein. Dann zu sagen: »Sei nicht traurig, sei nicht wütend«, ist irritierend für das Kind, besonders für sensible und feinfühlige Kinder, die manchmal einfach so viel fühlen, dass sie überwältigt sind und nach außen hin nicht wirklich logisch reagieren. Aber für sie ist ihre Reaktion genau richtig, weil es um ein Ventil geht. Wichtig ist dann Erdung, Halt, Beruhigung, Reizüberflutung reduzieren.

Woher ich das weiß? Ich war selbst eines der sehr sensiblen Kinder, und je mehr andere mich und meine Gefühle in Frage stellten, desto mehr ging ich in einen inneren Shutdown. Ich wurde zutiefst unsicher im Inneren. Es hat viele Jahre Meditation gebraucht, bis ich mich wieder traute, mich authentisch zu zeigen. Es wäre schön, wenn es den nächsten Generationen gelingen dürfte, einfach offen zu bleiben.

Für die erste Beruhigung gibt es viele SOS-Tricks. Ein ganz netter für Kinder ist die Kuscheltieratmung. Wie gesagt, besonders für kleine Kinder, ist es zu abstrakt, ihren Atem zu beobachten oder vertiefend und beruhigend in den Bauch zu atmen (Panik und Angst entstehen ja eher im Brustbereich, im Bauch wohnt das Vertrauen und die erdende Kraft). Wenn sie sich aber hinlegen, und man ihnen ein Kuscheltier, kleines Kissen oder eine Kinderwärmflasche auf den Bauch legt, dann kann man Kinder darauf aufmerksam machen, dass sich der Gegenstand durch die Kraft des Atmens bewegt. Vielleicht atmen sie dann automatisch tiefer oder fokussieren sich ganz auf diese etwas lustige, aber auch erdende Situation: Das Kuscheltier bewegt sich mit dem Atem im Bauch auf und ab.

Als Elternteil gilt es, sich selbst zu sammeln, ruhig zu bleiben, vielleicht auch auf den Boden zu gehen, dort zu sitzen, Halt und Ruhe zu finden. Weniger ist mehr, die eigene Präsenz ist absolut bestärkend.

Ein Quick-Fix-Atemtrick für Erwachsene kommt aus dem Yoga und heißt 4-7-8-Atmung. Die Übung wirkt unmittelbar beruhigend, schlaffördernd und kann den Puls senken. Es ist gut, diese Technik schon ein paarmal geübt zu haben, bevor man sie dann in akuten Momenten anwendet. Sie macht dann schon resilienter gegen Stress und sorgt für mehr Gelassenheit. Aber sie wirkt innerhalb von wenigen Minuten, das ist das Tolle.

4-7-8-ATMUNG FÜR ERWACHSENE

Die Atemübung kann im Sitzen oder Liegen ausgeführt werden. Es hilft, die Augen zu schließen. Die Hände ruhen auf dem Bauch oder den Oberschenkeln. Die Zungenspitze liegt am Gaumen hinter den Schneidezähnen, der Mund ist geschlossen.

Nun atme vollständig aus, und beim nächsten Einatmen durch die Nase zählst du innerlich bis vier. Dann hältst du den Atem entspannt für sieben Sekunden an (nicht verkrampft). Dann atmest du acht Sekunden lang durch den Mund aus, ohne Druck, aber du kannst Druck ablassen, indem du seufzt oder auspustest. Das Ganze wiederholst du mindestens viermal. Und dann spüre mal nach, wie du dich fühlst.

Ein Raum für Emotionen

Wie drücke ich aus, was in mir ist? Und wie kann ich mich mit diesen Momenten versöhnen? Das ist nicht immer ganz einfach. Manchmal finden wir nicht direkt Worte für das, was uns bewegt. Wir haben Angst, missverstanden oder verletzt zu werden – selbst in einem vertrauten Kreis von geliebten Menschen.

Dieser Tag steht für einen Wonnemonat – im Sommer, in der Leichtigkeit, ist es einfacher, sich den Schatten zu stellen. Deswegen ist es gut, sich heute für den Familienmoment des Tages ein wenig Zeit und Ruhe zu nehmen. Kommt wieder gemütlich zusammen und macht es euch so schön wie möglich: mit Kerzenlicht, einem schönen Duft und vielleicht beruhigender Musik.

Jeder und jede von euch hat Zeit zu erzählen, welcher Moment im vergangenen Jahr fordernd und nicht so schön war. Was bewegt und beschäftigt euch noch? Und was davon könnt ihr versöhnend loslassen, damit ihr freier ins neue Jahr geht, das ja schon in den Startlöchern steht? Es kann auch hilfreich sein, zum Gesprächsauftakt eine Karte zu ziehen, falls ihr ein Set nutzt. Vielleicht spiegelt das Bild auf der Karte eine Erinnerung oder eine Gefühlslage?

Eine Idee: Lasst einen Stein oder ein anderes Symbol, das euch verbindet, kreisen. Wer den Gegenstand hält, darf sprechen, die anderen hören einfach nur zu und lassen das Gesagte stehen. Es geht nicht darum, Lösungen oder Ratschläge zu finden. Oder gar einen Streit zu beginnen. Übrigens: Streiten und schimpfen war traditionell während der Rauhnächte verboten. Es ist nicht hilfreich, Konflikte zu unterdrücken. Es geht eher darum, einen Raum zu öffnen, in dem alles unbewertet sein darf, besonders das eigene Erleben. Und es geht um die individuellen Empfindungen, die sich auch gar nicht auf eine Situation oder einen Streitpunkt innerhalb der Familie beziehen müssen.

Sofern es möglich ist, fragt, welche Emotionen noch da sind und wo im Körper ihr sie wahrnehmt: Wut im Bauch, Traurigkeit im Herzen. Lasst Tränen fließen! Lacht laut! Und fragt euch: Wie geht es dir jetzt, in diesem Moment? Sicher, gelassen? Wo im Körper fühlst du dich wohl, wo ist Freude zu spüren? Und darf etwas von der Trauer oder der Wut gehen, damit mehr Platz für die Freude oder Neues ist?

Und wenn jemand etwas geteilt hat, dann sagt: »Wir sehen dich, wir verstehen dich, und wir danken dir, dass du uns das erzählt hast.«

Am Ende gibt es natürlich Gruppenkuscheln, bis alle sich wohlfühlen! Und schön ist es auch, danach gemeinsam etwas Warmes zu essen, das ihr alle liebt und genießen könnt: Waffeln mit heißen Kirschen? Eine Kürbissuppe?

Übrigens wurde während der Rauhnächte jede Speise gesegnet, und man gab den Haustieren eine Extraportion Futter mit geweihtem Salz. Sein Essen selbst zu weihen bringt auch etwas Ruhe, und es ist ganz einfach: einen Moment innehalten, vielleicht die Hände über das

Essen halten und gute Energie reinschicken oder einen Segensspruch sagen. Und vor allem: Sich bewusst machen, wie viel Aufwand damit verbunden war, dass dieses Essen nun auf dem Tisch steht. Die Lebensmittel mussten angebaut und geerntet, transportiert, eingekauft, zubereitet und serviert werden. Alles, damit wir unseren Hunger stillen und uns erden können.

Mein Vorschlag: Lasst nun den Tag einfach ganz entspannt weiterlaufen und ausklingen – bringt noch ein wenig Bewegung rein mit einem Spaziergang oder dem Wackelpudding-Tanz oder einem lustigen Schaumbad. Der Körper speichert Emotionen, und wir unterstützen ihn, wenn wir ein Ventil schaffen und uns bewegen, ausschütteln, locker machen, im Wasser sind.

29. DEZEMBER

ZUSAMMENFASSUNG UND REFLEXION DER IDEEN FÜR DEN TAG

Für alle:

- Raum für Emotionen (ca. eine Stunde): Welche Emotionen sind noch da, und was ist vielleicht schon verschwunden? War es entlastend, über das zu sprechen, was euch im Inneren bewegt?

Für Erwachsene:

- SOS-Atemtechnik üben (fünf Minuten): Ist dir die Übung schwer- oder leichtgefallen? Kannst du dir vorstellen, die Atemübung in fordernden Momenten anzuwenden?

Für Kinder:

- Schutzsymbol basteln (ca. 30 Minuten): Hast du dein Schutzsymbol schon ausgetestet? Fühlst du dich sicherer? Hat es Spaß gemacht?

DIE SECHSTE RAUHNACHT

30. DEZEMBER

Abschied und Loslassen

Monat im kommenden Jahr: Juni
Positive Affirmation: »Ich lasse los und vertraue ins Leben.«
Wiederkehrende Rituale: 6. Wunsch verbrennen, Räuchern, Traumtagebuch schreiben, Karte ziehen
Familienmoment des Tages: Momente der kleinen Freude
Ritual für Erwachsene: Versöhnung mit Veränderung
Idee von Elfe Njóla: Abschiedsritual

Gibt es noch etwas, von dem es gilt, sich zu verabschieden? Vielleicht hat jemand in der Familie den Job oder die Schule gewechselt? Gab es einen Umzug oder einen Todesfall? Dann ist nun der Moment gekommen, bewusst loszulassen. So gut es geht.

Loslassen ist nichts, was wir mit Härte machen. Okay, das ist vorbei! Zack, das Leben geht weiter. Abgeschlossen!

Wunden heilen unterschiedlich langsam. Und es ist gut, sich dem Prozess in gewisser Weise hinzugeben. Loslassen bedeutet deshalb auch Vertrauen, dass alles zur passenden Zeit geschieht, kommt und geht. Und dass es so etwas wie einen Ausgleich gibt, der dafür sorgt, dass nichts verloren ist. Wir bekommen für jeden gefühlten Verlust auch wieder etwas Neues – zeitversetzt oder unmittelbar. Es gibt diesen Spruch: Wenn sich eine Tür schließt, öffnet sich die nächste. Wenn ich Abschied nehmen musste, will ich das erst immer nicht hören, aber irgendwann merke ich dann doch: Okay, es hatte seinen Sinn. Eigentlich kann ich mich glücklich schätzen, dass dieser Job oder diese Beziehung endete, denn es hat sich etwas in meinem Leben zum Guten gewendet.

Und so kann es auch sein, wenn wir einen geliebten Menschen verlieren. Ich hatte zu ihren Lebzeiten immer eine ganz enge Beziehung zu meiner Oma. Sie hat mich bestärkt, meinen Weg zu gehen, der an vielen Gabelungen einen ungewöhnlichen Verlauf genommen hat. Ich habe gute Jobs gekündigt und bin allein um die Welt gereist. Ich habe mich aus Beziehungen gelöst, in denen andere noch länger geblieben wären, und ich habe auf Menschen gesetzt, die oberflächlich betrachtet vielleicht »komisch« wirkten.

Meine Oma hat immer gesagt: »Du bist besonders, also ist auch dein Weg im Leben besonders.« Es war meine größte Angst, dass sie irgendwann stirbt und ich niemanden mehr anrufen kann, um diese Worte zu hören.

Natürlich war es ein Schock für mich, als sie dann in einer Nacht für immer eingeschlafen ist. Intuitiv habe ich gespürt, dass sie geht. Sie auch. Ein paar Tage zuvor erzählte sie mir, dass ein Engel an ihrem Bett stand. Ich wusste, dass sie nicht verrückt war, sondern ganz klar und angstfrei. Sie spürte, ihre Zeit war gekommen, und hatte ihren Frieden damit gemacht.

Natürlich war ich erst geschockt, ich fühlte mich einsam und verlassen. Ich ging wie in Trance zur Beerdigung und hielt eine Abschiedsrede, ich nahm ihre Bilder, ihren Schreibtisch und ihre Staffelei zu mir, die niemand haben wollte, damit sie nicht weggeworfen wurden. Sie schrieb und malte, wie ich. Jetzt sitze ich hier an diesem Schreibtisch, und sie begleitet mich immer noch. Meine Oma und ich sind verbunden, unsere Beziehung wird nie enden. Ihr Tod war nur der Beginn von etwas Neuem. Unser Kontakt hat sich verändert, aber eins ist immer gleich geblieben: ihre Liebe und der Blick, wie sie auf mich schaut. Ich spüre beides immer noch. Es ist schön und bestärkend, nur die Perspektive, aus der sie auf mich schaut, ist anders.

FÜR ERWACHSENE: EINE NEUE PERSPEKTIVE FINDEN

Wovon auch immer du dich im vergangenen Jahr verabschiedet hast, nun wäre ein guter Zeitpunkt, sich auszusöhnen und vielleicht auch eine andere Perspektive zu finden. Deshalb lade ich dich ein, dir aufzuschreiben, welche Abschiede aus dem vergangenen Jahr dich noch beschäftigen und warum. Schreibe dann daneben, was sich seitdem zum Guten verändert hat und wofür du dankbar bist. Fühle es. Dann mach eine neue Liste und schaue, ob es noch Versöhnung braucht: Welche Abschiede sind jetzt noch präsent, oder darf alles so stehen bleiben, wie es ist? Wiederhole die Übung so oft, bis gefühlt keine Abschiede mehr übrig sind.

Njóla schlägt nun ein Abschiedsritual für die Kinder vor (das aber auch für Erwachsene interessant sein kann!). Wenn wir einen Abschied nicht nur mit Worten und Gedanken begleiten, sondern eben auch mit Taten, dann wird er uns bewusster, und es fällt uns leichter zu realisieren, dass wir losgelassen haben.

Abschiedsritual

Liebes Menschenkind,

wie schön, dass wir immer noch gemeinsam reisen. Nun ist Halbzeit. Ich liebe es, Neues mit dir zu erleben. Und bei all der Freude fließen auch bei uns Elfen ab und zu Tränen.

Heute habe ich eine Frage an dich: Gab es im vergangenen Jahr für dich einen Abschied oder eine Veränderung? Damit meine ich: Ist eine Freundin oder ein Freund weggezogen? Bist du umgezogen? Ist jemand gestorben, den du kanntest? Hast du auf eine neue Schule gewechselt? Was auch immer es ist: Ich kann dich verstehen! Vieles davon habe ich selbst erlebt, und ich weiß, dass es nicht immer ein Honigschlecken ist. Aber Veränderung gehört zum Leben dazu, bei Menschen, Tieren und uns Elfen.

Und bestimmt hast du auch schon die Erfahrung gemacht, dass wir genauso überraschend, wie wir etwas verabschieden, auch Neues begrüßen können. Wir lernen neue Freunde kennen, oder wir finden die neue Schule gar nicht so schlecht oder sogar noch besser. Mit dem Alten verbinden uns eben mehr schöne Erinnerungen, die wir mit dem Neuen erst machen müssen. Aber sie kommen, sei dir sicher!

Natürlich ist es nicht dasselbe. Ein neuer Hund kann den alten niemals ersetzen, soll er auch gar nicht. Und auch wenn du deine verstorbene Oma, deine weggelaufene Schildkröte oder deine umgezogene Freundin nicht mehr siehst: Sie bleiben mit dir verbunden. Unsichtbar, aber das kennst du ja schon von mir. Trotzdem können wir Spaß haben. Und wenn du das Gefühl hast, deine Oma küsst dich immer noch auf die Wange, dann ist es vielleicht auch so!

Heute möchte ich dich ermutigen, dankbar für die gemeinsame Zeit zu sein und ein kleines Ritual zu machen. Suche dir einen wunderschönen Stein (aus deiner Schatzkiste oder aus der Natur), dann erzähle diesem Stein alles, was du deiner Oma, deinem Freund oder deinem alten Haus noch erzählen wolltest. Ich habe mal eine Freundin verloren und dann dem Stein gesagt: »Schön, dass du mich eine Weile begleitet hast. Es war immer so eine große Freude, mit dir Regenbogen zu fangen. Nun mache ich das immer noch und denke dabei an dich. Ich hab dich lieb.«

Dann nimm dir einen erwachsenen Menschen an die Hand und suche draußen in der Natur einen Ort, wo dieser Stein liegen kann. Ich werde Elfenstaub auf ihm verteilen, damit er schön funkelt. Unterwegs nimmst du dir dann etwas Neues mit: einen neuen Stein oder eine Feder, was immer du findest. Den wunderschönen Fund legst du dann in deine Schatzkiste.

Mal sehen, was noch so Neues in dein Leben kommt. Danke fürs Mitmachen, das hast du wirklich sehr gut gemacht. Ich bin stolz auf dich!

Deine Njóla

Die kleinen Freuden

Immer wenn wir etwas loslassen und uns verabschieden, wird ein Platz frei. Und damit sich da nicht wieder Grübeleien, Traurigkeit und die Vergangenheit breitmachen, wollen wir uns den Rest des Tages nehmen, um kleine Freuden zu entdecken. Denn wäre es nicht schön, wenn gute Laune einkehrt – vor allem anderen? Freude macht unsere Herzen leicht, sie entspannt und motiviert. Freude ist pure Lebensenergie, und davon kann man nie genug haben.

Njóla und ich haben uns als erste Anregung ein paar Quellen der kleinen Freude überlegt. Und was ergeben viele kleine Momente? Ein großes Ganzes, und damit große Freude. So einfach ist das. Wenn man nicht gleich von Null auf 100 schalten kann, dann geht man eben in Etappen vor. Sicherlich fallen euch noch mehr Ideen ein.

MOMENTE DER KLEINEN FREUDE

Kissenschlacht-Freude

Auch wenn es Staub aufwirbelt: Ein bisschen toben bei einer Kissenschlacht mit der ganzen Familie bringt einen nicht nur aus der Puste, sondern macht auch ganz schön viel Spaß. Und danach kann man sich ja lachend aufs Bett fallen lassen, um gemeinsam zu kuscheln.

Parcours-Freude

Schau dich im Zimmer um und bau dir mit den Dingen, die du findest, einen Parcours: Kissen, auf die du springst, zwei Stühle, zwischen denen du durchkriechen kannst, eine Decke für einen Purzelbaum. Und frag auch mal die Erwachsenen daran teilzunehmen. Werden sie den Parcours auch so gut schaffen wie du? Das wird lustig!

Hula-Hoop-Freude

Habt ihr einen Hula-Hoop-Reifen? Und können Mama, Papa, Oma und Opa das schon so gut wie du? Macht eure Lieblingsmusik an und probiert es aus. Wenn ihr keine Reifen habt, könnt ihr auch einen Besenstiel nehmen, unter dem alle Lambada durchtanzen müssen.

Pfützen-Freude
Einfach reinspringen und schauen, wie das Wasser spritzt. Pfützen sind dazu da, um hineinzuhüpfen (mit Regenhose und Gummistiefeln). Am besten alle zusammen! Falls es keine Pfützen gibt, kann man auch Schneeflocken mit der Zunge fangen oder einen Schneemann bauen.

Malfreude
Wechselt euch ab und malt einfach, was euch gerade einfällt. Die anderen raten dann, was es ist! Ein Hasenkind? Eine Biene oder doch eigentlich ein Hamster? Wer es errät, ist dran!

Wunderbar! Mit der Freude lassen wir euch dann für heute allein. Bis morgen! Das war ein anstrengend-schöner Tag, oder? Vielleicht auch mutig? Zur Erinnerung: Mut wird belohnt, immer!

30. DEZEMBER

ZUSAMMENFASSUNG UND REFLEXION DER IDEEN FÜR DEN TAG

Für alle:

- Momente der kleinen Freude (wenige Minuten am Tag): Wofür habt ihr euch entschieden? Oder hatte jemand von euch eine ganz andere Idee? Wer von euch hat besonders viel und laut gelacht?

Für Erwachsene:

- Versöhnung mit Veränderung (ca. 20 Minuten): Wie fühlt ihr euch nun? Erleichtert? Hat sich die Perspektive auf den Verlust verändert? Ist aus dem Mangel wieder mehr Fülle geworden?

Für Kinder:

- Abschiedsritual (ca. 30 Minuten): Denkst du noch an den Stein in der Natur? Sei sicher, dass er gut aufgehoben ist, und vertraue darauf, dass das Leben immer auf deiner Seite ist, auch wenn es sich nicht immer so anfühlt.

DIE SIEBTE NACHT

31. DEZEMBER

Platz schaffen und Orakeln

Monat im kommenden Jahr: Juli
Positive Affirmation: »Ich habe die Kraft, Gutes in mein Leben zu holen.«
Wiederkehrende Rituale: 7. Wunsch verbrennen, Räuchern, Traumtagebuch schreiben, Karte ziehen
Familienmoment des Tages: Brezel & Meditation
Ritual für Erwachsene: Glaubenssätze loslassen
Idee von Elfe Njóla: Orakel-Runde

Wünsche, die wir wirklich im Herzen tragen, gehen in Erfüllung – wir dürfen ins Leben vertrauen und daran glauben. Wir sollten dies sogar, denn wenn wir uns zum Beispiel wünschen, dass wir eine schöne neue Wohnung in zentraler Lage oder ein Haus mit Garten finden, aber insgeheim denken »Auwei, das klappt nie!«, dann wird es schwierig mit der Erfüllung. Vielleicht erlauben wir es uns selbst nicht, weil es zu schön wäre, um wahr zu sein?

Dann dürfen wir uns fragen: Sind wir wirklich empfangsbereit? Und was ist der Preis, den wir bereit sind zu zahlen? Denn Veränderung bedeutet auch, dass etwas anders wird. Wir verlassen das Gewohnte, die Komfortzone. Und auch Negatives, alte Verhaltensmuster und Glaubenssätze können eine Komfortzone sein und Halt geben. Immerhin kommen uns diese wiederkehrenden Gedanken, Situationen und Reaktionen bekannt vor. Aber wenn wir wollen, dass sich unser Leben mehr entfaltet und leichter wird, dann sollten wir nicht resignieren und verharren, sondern uns genau beobachten: Was hindert mich an meinem Glück? Bin ich es am Ende selbst, die Probleme und Sorgen erzeugt? Bestimmt die Vergangenheit meine Zukunft? Sind es Ängste? Schlechte Erfahrungen?

Wenn wir uns verändern, heißt das nicht unbedingt, dass sich auch unser Umfeld mit ändert. Auch andere Menschen oder Umstände können uns unbewusst daran hindern, ein erfülltes Leben zu führen. Dabei braucht es ab und zu nur etwas Geduld, damit das Umfeld die Chance hat, sich anzupassen. Das wird nicht immer der Fall sein, aber dann sind wir eben aus der Situation oder Beziehung herausgewachsen. Das allein sollte uns nicht aufhalten.

Wichtig ist auch zu wissen, was wir uns eigentlich wünschen (in allen Formen und Farben) und es auszudrücken: Wie sieht das neue Haus aus, und wie fühlt es sich an, darin zu leben?

Das Wünschen ist ja bereits Teil unserer täglichen Rituale in den Rauhnächten. Heute geht es darum, Vertrauen und Geduld für den Prozess zu fassen. Manche Wünsche gehen schnell in Erfüllung, andere brauchen eine Weile, wieder andere können wir uns selbst erfüllen oder sie werden auf andere Weise Wirklichkeit, als wir uns vorgestellt haben.

Deswegen ist es gut, dass wir Wünsche in unserem Herzen tragen und sie schon fühlen, bevor sie sich überhaupt erfüllt haben. Wir müssen sie leben, um sie zum Leben zu erwecken. Alles beginnt in unserem Inneren, mit unserer Bereitschaft, der Offenheit, dem Vertrauen und dem Gefühl, das wir mit einem guten Leben verbinden. Ist es Sicherheit? Ist es Freude? Ist es Erfüllung? Ist es Veränderung?

Ins Positive wandeln

Wir starten heute mit einem kleinen Ritual für die Erwachsenen. Es geht darum, etwas aus der Vergangenheit hinter sich zu lassen, um pünktlich zum neuen Jahr Platz für alle wunderbaren Möglichkeiten zu machen. Wir haben in uns nur einen gewissen Raum zur Verfügung. Das ist ähnlich wie mit einer vollgestellten Wohnung, in der kein Platz mehr ist, wenn wir uns nicht von Altem trennen. Wir alle haben etwas in der Wohnung, was uns längst nicht mehr gefällt, was nur herumsteht, nie wirklich funktioniert hat, was wir geerbt haben oder wovon wir uns nicht trennen können, weil wir etwas festhalten wollen, das längst vorbei ist.

Ähnlich sieht es in uns aus. Wir schleppen so einiges mit uns herum. Aber solange wir das tun, sind wir auch ein Stück weit durch unsere Vergangenheit bestimmt und »vollgestellt«. Dabei haben wir die Macht, anders zu sein und zu leben.

Oft sind wir geprägt durch unsere Familie und unsere Vorfahren. Im Grunde ist das wunderschön, unsere Ahnen haben uns das Leben geschenkt, wir sehen ihnen ähnlich, wir haben ihre individuellen Verhaltensweisen und Traditionen übernommen. Aber: Wir müssen nicht alle »Geschenke« annehmen. In jeder Familie geistern auch negative Geschichten, Schicksale, Traumata und Erfahrungen aus der Vergangenheit.

Sie zeigen sich oft in sogenannten Glaubenssätzen, die man immer mal wieder zu hören bekommt. Scheinbar nebenbei, aber sie können einen starken Einfluss haben. Das sind Sätze wie: »Nur wer hart und viel arbeitet, bringt es zu etwas.« »Wenn wir mehr Geld hätten, wären wir alle glücklicher.« »Als Frau ist es besser, sich zurückzunehmen.«

Und dann schwingen auch manchmal unausgesprochene Sätze mit wie »Liebe muss ich mir verdienen« oder »Wenn ich mich zeige, werde ich nicht mehr gemocht«. Es können auch bestimmte Verhaltensweisen sein: »Ohne Kaffee geht nichts am Morgen«, »Zucker versüßt mir das Leben«. Aber stimmt das alles? Und vor allem: Ist es (noch) stimmig für dich? Mache ich eigentlich nur noch mit, um dazuzugehören? Das ist ein starkes Bedürfnis, wir wollen Teil von etwas sein, doch es ist nicht gut, sich zu verbiegen oder zu verstellen, sich selbst klein zu halten oder sich abhängig davon zu machen, um jeden Preis gemocht und akzeptiert zu werden.

Ihr seid heute eingeladen, euch einen stillen Moment zu nehmen und diese für euch blockierenden Sätze aufzuspüren und zu transformieren. Damit bereitet ihr den Boden für alles, was im kommenden Jahr unbeschwert wachsen und gedeihen soll.

GLAUBENSSÄTZE AUFLÖSEN

Nimm dir einen stillen Moment, zünde eine Kerze an, mache es dir gemütlich und lege dir Papier und Stift bereit. Nimm ein paar tiefe Atemzüge mit geschlossenen Augen und suche im Inneren nach Sätzen über das Leben, die du oft von dir oder anderen gehört hast. Und wenn dir einer davon nicht mehr stimmig vorkommt, dich belastet, verunsichert oder sogar wütend macht, dann nimm ihn und schreib ihn auf. Fühle ihn dabei noch einmal und atme das Gefühl aus. Mach dies so lange, bis nichts mehr kommt. Dann entscheide dich für die drei Sätze, welche die meisten Gefühle in dir auslösen. Und bei denen du spürst, dass sie dich in deinem Leben bremsen, einschränken oder gar blockieren. Es können auch ein oder zwei Sätze sein.

Geh dann mit dir in einen inneren Dialog und lass Szenen und Menschen zu diesem Satz in deinem Inneren entstehen. Lass erst einmal alles nur da sein und beobachte, während du gelassen weiteratmest. Dann stell dir vor, dass du dich vor diese Ansammlung an Menschen und Szenen stellst und sagst: »Diese Aussage passt für mich nicht mehr. Ich mache es ab heute anders. Und auch ihr habt die Wahl.«

Dann überlege, welche positive Affirmation du stattdessen leben willst: »Ich werde bedingungslos geliebt – von mir und von allen anderen«, »Das Leben hat noch mehr Süßes als Zucker, und das schmeckt mir besser«, »Ich entscheide mich jeden Tag neu, glücklich zu sein«. Fühle diese Sätze auch in deinem Körper. Bringt es dir mehr Leichtigkeit?

Dann stelle dich wieder vor die Menschen aus deiner Szene und sage den neuen Satz. Wiederhole dies für alle anderen Sätze. Wenn es dir heute zu viel wird, dann kannst du das Ritual auch an einem anderen Tag wiederholen.

Dann bedanke dich bei dir selbst, dass du diesen Schritt gegangen bist (du kannst dich auch mit den Händen vor dem Herzen vor dir selbst verbeugen), verbrenne oder zerreiße die alten Glaubenssätze und schreibe dir die neuen auf ein schönes Blatt Papier oder in dein Tagebuch.

Puste die Kerze aus, räuchere mit Salbei nach, öffne ein Fenster und lebe deine neue Wahrheit jeden Tag ein bisschen mehr! Es ist wichtig, zu vertrauen und zu glauben. Lass dich nicht von Zweifeln und Zweiflern aufhalten!

Gutes für andere tun

Die Zeit zwischen den Jahren ist ein geeigneter Moment, um buchstäblich Gutes in die Welt zu tragen. Deswegen haben wir uns überlegt, dass ihr heute einer alten Tradition folgen könntet: Neujahrsbrezeln backen (wichtigste Zutat: Liebe). Diese könnt ihr dann als Mitternachtssnack nicht nur selbst essen, sondern auch mit guten Wünschen verteilen – an Nachbar:innen, Bekannte und Menschen, die vielleicht gar nicht damit rechnen. Es müssen ja nicht immer Freunde und Familie sein.

Es ist ein Brauch, der vor Krankheit, Unglück und Hunger schützen sollte. Eine Brezel könnte auch für Verbundenheit und Glück stehen. Jedenfalls ist es einfach, eine kleine Karte mit einem Geschenkband zu befestigen und die Brezeln in der Nähe zu verteilen (Njóla will bestimmt auch mal abbeißen!).

Schön wäre es, wenn sich alle für das Brezel-Backen in der Küche einfinden und jeweils eine Aufgabe übernehmen. Fragt bei den Verwandten nach einem Familienrezept für einen Hefeteig (Neujahrs-Brezeln sind in der Regel süß). Wenn euch ein anderes Lieblings-Gebäck einfällt – Muffins, Kekse oder Donuts –, dann nehmt alternativ einfach das. Es ist wichtig, dass das Gebäck zu euch passt und ihr Spaß beim Zubereiten habt. Und jetzt kommt's: Wir sind sicher, dass man die Freude und Liebe, die ihr beim Zubereiten hattet, am Ende auch schmeckt. Also, macht euch fröhlich ans Werk und schickt durch eure Hände ganz viel Liebe in jede einzelne Brezel.

Und während der Hefeteig (und eure Liebe darin) aufgeht, könnt ihr ganz einfach noch einmal mit Njóla und mir meditieren. Wir haben euch eine Meditation aufgenommen, die das alte Jahr verabschiedet und das neue schon einmal willkommen heißt. Ihr könnt diese Meditation mit der ganzen Familie machen (Haus- und Kuscheltiere wie immer eingeschlossen!).

Wer mag, kann dabei liegen oder sonst einfach entspannt mit geschlossenen Augen sitzen. Die Meditation »Innere Neuausrichtung« findet ihr als Download (siehe Seite 233).

Viel Freude beim Meditieren und dann später beim Feiern! Lasst es krachen! Wir wünschen euch schon einmal alles, alles Liebe für das kommende Jahr.

Wenn ihr nach Mitternacht noch fit und offen für etwas Neues seid, dann schlagen wir euch vor, etwas zu orakeln. Njóla hat hierzu ein paar Ideen, die für die ganze Familie klappen.

Orakeln für das neue Jahr

Liebes Menschenkind,

nun fragst du dich sicher, was Orakeln ist. Viele Menschen wünschen sich, einmal einen Blick in die Zukunft zu wagen und zu erfahren, was das Leben so bringt. Natürlich ist es das Beste, einfach zu vertrauen und sich überraschen zu lassen. So machen wir Elfen es. Aber seit jeher haben Menschen versucht, mehr über ihr Schicksal zu erfahren.

Vielleicht hast du schon mal von dem Orakel von Delphi im antiken Griechenland gehört. Eine weise und hellsichtige Frau formulierte Orakelsprüche, und vor allem die damaligen Herrscher wollten mit ihrer Hilfe herausfinden, wie und wann sie am besten ihre Interessen umsetzen konnten.

Die Zukunft ist aber nicht starr, sondern veränderlich. Und wir haben das meiste davon selbst in der Hand. Wir können unser Leben gestalten und entscheiden, wie wir uns fühlen wollen und was wir erleben möchten. Deswegen macht es nur wenig Sinn, alles schon vorher zu wissen. Das wäre auch langweilig! Es ist wirklich viel schöner, überrascht zu werden.

Heute werdet ihr bestimmt mal in den Nachthimmel schauen und das Feuerwerk beobachten. Vielleicht stehen sogar Sterne am Himmel. Astrologen und Astrologinnen sind in der Lage, den Nachthimmel zu lesen und daraus Aussagen zu der Persönlichkeit eines Menschen abzuleiten. Die Wikinger und Germanen hatten Runen, magische Symbole, die auf Steine oder Holzplättchen gezeichnet waren und dann zu einer Fragestellung geworfen oder gezogen wurden. Darin lasen sie Vorbestimmungen und bekamen Hinweise auf ihre Vorhaben.

Damals lasen manche Menschen sogar aus dem Wetter in den Rauhnächten, wie das Wetter im kommenden Jahr sein würde. Die Kunst des Wetterlesens nennt man auch Aeromantie.

Bei euch kennt man vielleicht den Brauch des Blei- oder Wachsgießens. Dabei wird ein bestimmtes Metall oder Wachs geschmolzen (nur mit den Eltern machen!) und in eine Schale mit Wasser gegossen. So entstehen lustige Formen, die man vor eine Kerze halten und dann aus den Schatten Hinweise auf die Zukunft lesen kann.

Beim Orakeln geht es immer um die Symbolsprache und deren Deutung. Wir machen es uns heute ganz einfach – typisch elfisch. Es darf superleicht sein! Und Spaß machen.

Greif einfach mal in euer Bücherregal und zieh irgendein Buch heraus, wähle ohne nachzudenken und mit geschlossenen Augen irgendeine Seite und tippe mit dem Finger auf eine Stelle. Lies den Satz oder mehrere laut vor. Welche Botschaft könnte dort für dich enthalten sein? Was fällt dir als Erstes zu dem Satz ein? Die Erwachsenen nehmen ihre Bücher. Mal sehen, was sich daraus ergibt? Etwas Witziges? Rätselt und orakelt doch ein bisschen. Vielleicht fällt dir dabei auch ein, was du dir von Herzen wünschst oder was auch schon längst da ist. Wie immer: Viel Freude dabei!

Deine Njóla

31. DEZEMBER

ZUSAMMENFASSUNG UND REFLEXION DER IDEEN FÜR DEN TAG

Für alle: Brezeln backen und Meditation (ca. zwei Stunden): Wie haben euch die Brezeln geschmeckt, und habt ihr schon alle verteilt oder selbst gegessen? Hat euch die Meditation Spaß gemacht? Wie wirkt sie nach?

Für Erwachsene: Glaubenssätze loslassen (ca. 20 Minuten): Konntet ihr ein altes Muster im alten Jahr und in der Vergangenheit lassen? Wie fühlt sich das nun an?

Für Kinder: Orakeln (ca. 30 Minuten): Hast du etwas gesehen, was die Zukunft dir bringen könnte? Und war es lustig, ein bisschen zu orakeln?

DIE ACHTE NACHT

1. JANUAR

Gelassen sein und Nichtstun

Monat im kommenden Jahr: August
Positive Affirmation: »Ich bin bereit.«
Wiederkehrende Rituale: 8. Wunsch verbrennen, Räuchern, Traumtagebuch schreiben, Karte ziehen
Familienmoment des Tages: Visionsboard erstellen
Ritual für Erwachsene: Die Kunst des Nichtstuns
Idee von Elfe Njóla: Apfel-Meditation

Willkommen im neuen Jahr! Heute steht alles im Zeichen des Neubeginns. Wie fühlt sich das neue Jahr so ganz zu Beginn an? Was hast du heute geträumt? Und wie schön, dass der erste Tag für viele von uns frei ist – und alles langsam läuft. Erst einmal ankommen im neuen Jahr! Und sich auf jeden Fall schon einmal freuen, welche schönen Momente es wohl bereithält.

Das Haus segnen

Früher war es Brauch, am ersten Tag des Jahres frische Kleidung anzuziehen, was natürlich etwas Besonderes ist, wenn man an den Tagen zuvor keine Wäsche wäscht.

Tatsächlich haben Kleider aber nicht nur eine oberflächliche Bedeutung. Je nachdem, was wir anhaben, fühlen wir uns auch anders. Die erste Frage ist also: Welches Outfit passt heute zu dir und zu dem frischen, gerade angefangenen Jahr?

Heute ist auch ein guter Tag, um das eigene Haus oder die Wohnung zu segnen. Derzeit ziehen ja traditionell die Sternsinger von Haus zu Haus und schreiben mit Kreide den Segensspruch »C+M+B« mit der Jahreszahl an die Tür und sammeln Spenden. Übrigens: Manche haben auch Weihrauch dabei. Das Räuchern ist auch hier verankert. Doch was ist jenseits dieser Tradition für euch heute noch stimmig? Wollt ihr eine Kleinigkeit für die Tiere vor die Tür stellen? Oder für eure Lieblingselfe? Habt ihr schon alle Brezeln verteilt? Wenn nicht, ergibt sich ja vielleicht die Gelegenheit bei einem Neujahrsspaziergang?

Wie also könntet ihr eure Bleibe segnen? Räuchern wäre eine schöne Option. Lüftet einmal durch, geht mit eurem Lieblingsduft durch alle Räume und lasst gute Energie hereinfließen.

Was fällt euch noch ein, um euren Lebensraum zu schützen und mit guter Energie zu fluten? Ein Blumenkranz aus Trockenblumen oder Weiden für die Haustür? Oder der ausgediente Adventskranz neu dekoriert? Ein paar Zweige vom Tannenbaum als Herz geformt? Oder einfach nur ein Herz für alle Familienmitglieder, das ihr mit Kreide auf die Steine vor der Tür malt? Es muss nicht super aufwendig sein. Wie immer gilt: Es soll von Herzen kommen und mit einer bewussten Intention geschehen. Unsere vier Wände sind unser heiliger Schutzraum, wo wir zusammen leben und uns ausruhen.

Eine Vision für die Familie

Das neue Jahr hält für jeden Einzelnen von euch und für alle zusammen viel Unvorhergesehenes bereit. Aber vielleicht habt ihr auch als Familie eine gemeinsame Vision: Urlaubspläne? Mehr Zeit für euch? Etwas Neues erleben?

Damit eure Vorstellungen heute schon real werden, laden wir euch ein, ein Visionsboard zu erstellen. Ihr könnt dafür in alten Zeitungen und Zeitschriften schauen, welche Bilder euch ansprechen und was ihr schön findet, dann schneidet ihr sie aus und klebt sie auf ein großes Blatt Papier. Alternativ könnt ihr auch Bilder aus dem Internet ausdrucken, nach denen ihr gezielt sucht, etwa eure Lieblingsspeise, die ihr gemeinsam genießen wollt. Ein Ausflug mit Pferden? Mehr gemütliche Kuschelnachmittage auf dem Sofa?

Seid einfach offen und kreativ. Schreibt, malt und bastelt, was ihr erleben wollt. Euer Familien-Visionsboard soll jetzt schon ausdrücken, was ihr erleben möchtet und wie ihr euch das bildlich vorstellt. Falls ihr wunschlos glücklich seid, drückt es dennoch aus – als Dank und Wertschätzung. Vielleicht fällt euch auch ein gemeinsames Motto für das Jahr ein, das ihr darüber schreiben oder in Buchstaben kleben könnt? Ein Beispiel: »Das ist unser Jahr der Freude und neuer Abenteuer.«

Wenn ihr fertig seid, könnt ihr das Bild gern aufhängen, wenigstens für den Start ins Jahr. Aber eventuell bleibt das Visionsboard auch länger hängen? Stimmt mal gemeinsam ab, was ihr gut findet!

Und hier kommt noch ein Tipp von Njóla: Macht euch eure Lieblingsmusik an und tanzt so, als wäre das alles schon passiert, was ihr da so zusammen gebastelt habt. Wie fühlt es sich an, im Sommerurlaub zu sein? Wie ist es, auf einem Pony zu reiten? Was auch immer für euch und andere auf dem Bild zu sehen ist… lebt es ein wenig (aus). Im Zweifel: einfach fröhlich und ausgelassen tanzen! Die Kinder bestimmen die Musik.

Apfel-Meditation

Liebes Menschenkind,

und, bist du so gut wie ich ins neue Jahr geflogen … ähm, ich meine gekommen? Du kannst ja gar nicht fliegen. Außer in deinen Träumen.

Heute möchte ich eine Apfel-Meditation mit dir machen. Warum? Du hast bestimmt in den vergangenen Tagen auch so viel genascht wie ich. Mein Honigtopf ist schon fast leer. Jetzt habe ich wieder Lust auf viel frisches Obst und Gemüse, weil ich merke, dass mir alles Frische direkt aus der Natur die meiste Energie zum Fliegen gibt. Außerdem fühle ich mich dann leicht und nicht so schwer und kann schneller fliegen als alle anderen.

Manchmal esse ich auch so nebenbei, nasche mal hier den Blütenstaub oder knabbere an einer Blaubeere. Aber am besten schmeckt es mir, wenn ich langsam und mit allen Sinnen esse, wenn ich mich hinsetze, und nichts lenkt mich ab. Hast du Lust, mit mir eine kleine Mini-Meditation während deines Nachmittagssnacks zu machen?

Los geht's: Nimm dir einen Apfel (oder ein anderes Stück Obst) und schaue ihn dir dann erst einmal ganz genau an, rieche, fühle, schaue. Ja, hör auch mal.

Warum nicht? Lass uns alles testen und erkunden, was wir später in unseren Mund nehmen, um es zu genießen. Denk auch mal daran, wie erst der Apfelbaum gewachsen ist – durch Licht und Wasser. Als er dann Früchte tragen konnte, sind die Äpfel langsam gereift – von der ersten Blüte bis zu diesem wunderschönen Apfel. Es stecken also die Strahlen der Sonne, der Halt des Baumes und Nährstoffe aus dem Boden darin. Das kann man von einem Schokoriegel nicht behaupten, der von Maschinen zusammengerührt wurde und seine Energie einfach durch ganz viel Extrazucker bekommt. Wie schön, dass du dich nun an dem natürlich gewachsenen Stück Obst nähren kannst, das auch süß ist, aber ganz natürlich und mit der eigenen Schale nachhaltig verpackt.

Wenn du den Apfel dann gut erforscht hast, beiße ab und kaue mal langsamer als sonst. Mach doch auch mal die Augen zu und nimm den Geschmack genau wahr. Wie fühlt sich der Apfel in deinem Mund und auf deiner Zunge an? Und achte genau darauf, wie viel du davon essen möchtest. Wenn du fertig bist, bewahre dir den Rest einfach für später auf. Und, wie war das? Was hast du dabei erlebt? Erzähl doch mal! Lass es dir aber vorher erst einmal schmecken (mit vollem Mund spricht man bekanntlich nicht).

Deine Njóla

Die Kunst des Nichtstuns

Heute gibt es ein besonderes Neujahrsgeschenk für die Erwachsenen der Familie: Alle bekommen Zeit geschenkt. Sagen wir eine halbe Stunde oder eine Stunde? Die einzige Bedingung ist, dass diese Zeit auch wirklich als Geschenk wertgeschätzt wird und ihr in dieser Zeitspanne genau das macht, was euch guttut und wirklich entspannt.

Nichtstun ist etwas, wonach wir uns oft sehnen, und dennoch ist es eine wahrhaftige Kunst, ohne Ablenkung einfach nur zu sein. Sich selbst zu spüren und mit sich, in sich zu ruhen.

Über die Kunst des Nichtstuns sind ganze Bücher verfasst worden, es gibt in den Niederlanden sogar ein Wort dafür: Niksen. Dabei geht es um etwas so scheinbar Einfaches, und doch will es geübt und gelernt sein. Was uns oft davon abhält, ist die Vorstellung, dass wir dann von außen als faul bezeichnet werden. Aber indem wir alle Reize aussperren und einfach auch mal ruhen (ja, auch die Bewegungsmenschen unter uns!), sortieren sich unsere Emotionen und Erlebnisse. Wir spüren mehr Klarheit und Energie. Nicht selten kommt dann aus dem Nichts ein Gedankenblitz geschossen, der die Antwort auf eine lang durchgegrübelte Frage mit sich bringt. Zum Beispiel die Lösung für ein Problem, eine Entscheidung oder eine neue Idee für ein Projekt.

Für den Einstieg empfehle ich, entspannende Musik zu hören, die man notfalls auf den bekannten Streaming-Plattformen unter dem Stichwort »Entspannung« finden kann. Ja, auch Musik ist ein Reiz von außen, aber sie erfüllt einen Zweck. Es geht auch nicht darum, sich in einen schalldichten Raum zu setzen. Im Gegenteil. Es geht darum, dass man selbst nichts tut. So kann man auch einfach nur in einem Café sitzen und die Welt um sich herum gelassen beobachten.

GESCHENKTE ZEIT

Entspannen dich die Dinge, die du zur Entspannung tust, wirklich? Auf dem Sofa liegen und auf dem Handy scrollen kann uns ablenken und in eine andere Welt ziehen. Aber wie geht es dir danach? Bist du voller Infos, die du gar nicht aufnehmen wolltest? Hast du dich über etwas geärgert? Hast du dich insgeheim verglichen?

Viele schauen zur Entspannung auch gerne eine unterhaltsame Serie. Aber dabei nehmen wir wieder Informationen auf, die je nachdem Stress erzeugen können. Wenn du also noch weiter überlegst und diese geschenkte Zeit wirklich als etwas ganz Kostbares und Besonderes siehst, was genau würdest du dann damit machen? In der Natur sein? Allein oder mit anderen zusammen? Den Hund kraulen oder einfach nur aus dem Fenster schauen?

Probiere es aus, und wenn dir dieser kleine Selbstversuch gefallen hat, wiederhole ihn doch immer mal wieder (es muss ja nicht lange sein). Es geht darum, aus dem Tun in das bewusste Nichtstun im wachen Zustand zu kommen, sich dies zu erlauben und vor allem zu spüren: Was brauche ich, wenn ich frei von Pflichten bin? Was ist es eigentlich, wozu ich nie komme? Was ich immer hinten anstelle? Und kann ich es, wenn es mir so hilft, öfter machen?

ZUSAMMENFASSUNG UND REFLEXION DER IDEEN FÜR DEN TAG

Für alle: Visionsboard erstellen (ca. eine Stunde): Was fühlt ihr, wenn ihr auf das Visionsboard schaut? Hat es schon einen guten Platz gefunden?

Für Erwachsene: Die Kunst des Nichtstuns (ca. eine halbe Stunde oder eine Stunde): Welche Erfahrungen habt ihr gemacht? Ist es euch schwer- oder leichtgefallen? Möchtet ihr es regelmäßig machen?

Für Kinder: Apfel-Meditation (ca. 15 Minuten): Hat es dir Spaß gemacht, den Apfel so zu erforschen und genüsslich zu essen? Das kannst du immer wieder mit allem machen, was du isst, auch mit Nudeln.

DIE NEUNTE NACHT

2. JANUAR

Etwas Neues ausprobieren

Monat im kommenden Jahr: September
Positive Affirmation: »Mut wird belohnt.«
Wiederkehrende Rituale: 9. Wunsch verbrennen, Räuchern, Traumtagebuch schreiben, Karte ziehen
Familienmoment des Tages: Traut euch!
Ritual für Erwachsene: Ritual gegen Angst
Idee von Elfe Njóla: Yoga-Tanz

Worauf eigentlich warten? Heute können wir das Neue schon beginnen lassen und etwas tun, was wir noch nie getan haben. Oder es uns ganz bewusst vornehmen. Denn: Mut wird immer belohnt!

Zuerst dürft ihr euch jeweils selbst ehrlich befragen: Was würdest du machen, wenn du noch ein bisschen mehr Mut hättest? Nur zehn Prozent? Was würdest du tun, sagen oder ab sofort lassen? Einen Liebesbrief schreiben, eine Freundschaft beenden, ein Buch schreiben, mit dem Riesenrad fahren, eine alte Bekannte anrufen, der Chefin die Meinung sagen, im Chor ein Solo singen, eine neue Sportart suchen? Was wäre, wenn du dich trauen würdest, neue Erfahrungen zu machen? Und was hindert dich noch?

Der Angst ins Auge schauen

Angst ist es, die uns manchmal daran hindert, unsere innere Wahrheit zu leben. Angst ist nichts Schlimmes, sie ist wichtig und gut, wenn echte und reale Gefahren drohen. Angst hält uns davon ab, allein durch dunkle Gassen zu gehen oder zu weit aufs Meer hinauszuschwimmen. Angst hindert uns daran, einen knurrenden Hund zu streicheln.

Aber viele Ängste kommen aus unseren Gedanken. Wir haben sie selbst produziert, obwohl es gar keine akute Gefahr gibt. Die Gefahr haben wir herbeigedacht, durch Sorgen, durch vergangene Erfahrungen, durch etwas, was uns eingeredet wurde. Das nimmt uns Energie, verunsichert und hält uns davon ab, Veränderungen in unserem Leben zuzulassen.

Das Gute ist: Wenn wir uns die Angst selbst gemacht haben, können wir sie auch wieder auflösen, indem wir eine Stufe tiefer gehen und uns fragen: Ist diese Angst wirklich berechtigt? Gibt es einen realen Grund, mir Sorgen zu machen oder etwas zu befürchten? Oder male ich mir den Ausgang nur negativ aus, ohne zu wissen, was wirklich passieren wird? Ist es die Angst zu versagen? Ist es die Angst, bewertet und verurteilt zu werden? Ausgelacht? Angst vor Verlust, Angst vor dem Scheitern oder die Angst, verletzt zu werden? Angst, sich zu zeigen?

Setzt euch als Familie für einen Moment zusammen oder nutzt die Zeit vor oder nach dem Essen, wenn ihr an einem Tisch sitzt. Alle dürfen nun nacheinander laut sagen, was sie gern im Bereich ihrer Möglichkeiten tun würden, wenn sie so viel Mut hätten wie ein:e Superheld:in.

Dann besprecht gemeinsam, inwiefern das Ziel heute schon ein bisschen umsetzbar ist – oder was es dafür noch braucht. Die anderen versuchen, das Anliegen so gut es geht zu unterstützen. Und natürlich gilt es auch, die Angst anzuerkennen und nicht einfach wegzudrücken, sondern in den Dialog zu gehen und sich zu fragen: Was könnte die Angst reduzieren oder in Mut umwandeln? Was brauche ich dafür, und wer kann mich wie unterstützen?

Willst du ein Held oder eine Heldin sein?

Liebes Menschenkind,

vieles beginnt mit Mut. Wie viel Mut hast du denn? Wenn es darum geht, sich etwas Neues zu trauen, kann es helfen, ein Vorbild zu haben. Kennst du jemand aus deinem Bekannten- oder Freundeskreis, der irgendwann einmal besonders mutig war? Oder bewunderst du einen Held oder eine Heldin aus einem Buch oder aus der Öffentlichkeit: Zauberlehrling Harry Potter, der sich den dunklen Mächten stellte, oder Klimaaktivistin Greta Thunberg, die in den Schulstreik ging, um gegen Umweltzerstörung einzutreten?

Meine Heldin ist die mystische Göttin Freya aus der nordischen Mythologie. Sie fürchtete sich vor nichts und ließ sich auch von niemandem etwas sagen. Außerdem vergöttere ich Vaiana aus dem gleichnamigen Disney-Film, in dem sich ein Mädchen auf Hawaii auf eine mutige Mission begibt. Ich will nicht zu viel verraten. Fragt doch mal, ob ihr ihn euch anschauen könnt. Der Film ist nicht nur superlustig, sondern hat mich richtig mutig gemacht. Für etwas ältere Kinder kann ich den Film »Finde dich« empfehlen, der genau beschreibt, was eine Held:innengeschichte ausmacht, und warum wir sie so sehr lieben. Es kann nicht schaden, sich inspirieren zu lassen, aber deine eigene Geschichte schreibst du selbst. Und das ist gar nicht so schwer, denn es beginnt immer damit, dass man aufbricht, um etwas Neues zu wagen. Etwas, was du wirklich gern von Herzen machen willst. Und es ist doch egal, was die anderen sagen. Solange es dir und anderen nicht schadet. Nur Mut!

Deine Njóla

Ein Anker gegen die Angst

In den dunklen und kalten Tagen ist es normal, dass sich auch immer mal wieder Ängste zeigen. Nicht umsonst sprachen die Menschen damals während der Rauhnächte von Geistern und blieben oft zu Hause. Die »Geister« der Neuzeit sind die Gedanken, die so oft in uns herumschwirren. Viele davon haben nichts mit der Realität zu tun. Es wird uns im Leben immer wieder passieren, dass Ängste uns von etwas abhalten – im guten und im schlechten Sinne. Wenn diffuse Ängste uns blockieren, uns lähmen oder uns akut herunterziehen, ist es gut, ein kleines SOS-Ritual für sich zu etablieren. Es geht nicht darum, etwas wegzudrücken oder zu betäuben. Im Gegenteil: Es ist besser hinzuschauen, sich dabei aber nicht überwältigen zu lassen.

Sehr hilfreich, um sich wieder im Hier und Jetzt zu verankern, sind Formen der Bewegung. Für Kinder ist deswegen Sport als Ausgleich sehr wichtig und sollte gefördert werden (wenn das nicht eh schon Teil des Alltags ist).

Vielleicht habt ihr schon einen Sport oder eine Lieblingsbewegung? Dann nehmt diese! Falls ihr keine Bewegungs-Routine habt oder diese nicht sofort überall ausgeübt werden kann, dann wählt etwas ganz Einfaches. Hunde schütteln sich öfter am Tag – ein schnelles und gutes Mittel, um Stress abzubauen und sich aus der Erstarrung zu befreien, die mit der Angst und Sorge kommt (oder einfach nach dem Mittagsschlaf da ist). Auch wenn es doof aussieht: einfach mal ausschütteln und die Angst dabei mit abschütteln! Sehr einfach ist es auch, ein paar Liegestütze zu machen, bis es anstrengend wird. Wenn wir den Körper komplett spüren und uns nur auf die Bewegung fokussieren, dann ist es nahezu unmöglich, noch zu denken. Der körperliche Fokus ist dann stärker und wird uns immer mehr in den Moment holen, raus aus den Gedanken. Nicht nur deswegen sagen wir, wenn wir denken, dass wir träumen: Kneif mich mal!

Eure Aufgabe als Erwachsene ist es heute, ein individuelles Anti-Angst-Ritual nur für den ersten Moment zu etablieren und dieses zu üben, damit ihr es im Fall der Fälle parat habt. Wenn es mal nicht möglich ist, sich zu bewegen, können übrigens auch Steine ankern. Man kann sie in der Hand halten oder auf die Brust legen und sich dabei einen beruhigenden Satz sagen wie: »Ich bin im Hier und Jetzt. Ich habe Angst, aber das ist nicht gefährlich. Ich wähle Liebe anstatt der Angst.« Oder wählt eine Kombination aus Bewegung und bestärkendem Satz.

Wie bewegst du deinen Körper?

Liebes Menschenkind,

was ist deine Lieblingsbewegung? Auf dem Kopf stehen, Fußball spielen, um die Wette rennen? Oder hast du schon einmal etwas von Yoga gehört? Das ist eine Bewegungsform aus Indien, die unseren Körper dehnt und stark macht. Außerdem wird auch der Atem mit den Bewegungen verbunden, und man übt Yoga besonders achtsam. Das ist anders als bei einem Ballspiel, wo du einfach drauflos rennst und es um den Spaß am Spiel und den Teamgeist und das Gewinnen geht. Das ist alles gut. Auch Kampfsportarten wie Kung Fu sind hilfreich, um sich selbstbewusst und stark zu fühlen und sich auch verteidigen zu können. Aber wenn du Lust hast, mal etwas Neues auszuprobieren, eine ruhigere Bewegungsart, dann empfehle ich dir Yoga. Mir macht es Spaß, mich zu dehnen und meinen Körper durch die Bewegung neu zu entdecken. Da ich Elfe und keine Yogalehrerin bin, empfehle ich dir ein kurzes Video auf Youtube: »Anna & Elsa im Schnee« von Yoga Studio Fox. Lass doch mal deine Eltern danach suchen und mach beim Anschauen gleich mit. Ich wünsche dir viel Freude dabei!

Deine Njóla

2. JANUAR

ZUSAMMENFASSUNG UND REFLEXION DER IDEEN FÜR DEN TAG

Für alle: Trau dich! Was würdest du tun, wenn du nur zehn Prozent mutiger wärst? (ca. 30 Minuten): Habt ihr alle eine kleine Challenge gefunden? Nicht schlimm, wenn nicht. Ihr habt noch das ganze Jahr. Da begegnet euch bestimmt eine Herausforderung, die ihr meistern könnt.

Für Erwachsene: Anti-Angst-Ritual (wenige Minuten je nach Bedarf): Habt ihr eure Art gefunden, akut auf das diffuse Gefühl der Angst zu reagieren? Aus einer gelassenen Haltung entstehen leichter Lösungen.

Für Kinder: Yoga kennenlernen (ca. zehn Minuten): Und, wie war es, den Körper zu dehnen und strecken? Wenn dir Yoga Spaß macht, dann frag doch mal, ob es in deiner Gegend einen Kurs für Kinder gibt.

DIE ZEHNTE NACHT

3. JANUAR

Das Hier und Jetzt genießen

Monat im kommenden Jahr: Oktober
Positive Affirmation: »Ich bin ganz im Hier und Jetzt.«
Wiederkehrende Rituale: 10. Wunsch verbrennen, Räuchern, Traumtagebuch schreiben, Karte ziehen
Familienmoment des Tages: Im Moment sein
Ritual für Erwachsene: Achtsamkeits-Tagebuch
Idee von Elfe Njóla: Eine kleine Gehmeditation

Was bedeutet es eigentlich, im Moment zu leben? Ein Tag ohne Pläne – stattdessen im Vertrauen, dass alles so läuft, wie es läuft, und dass nichts anderes zählt als der Augenblick? Mit Sonne im Herzen, obwohl es noch Winter ist. Und was kann euch als Familie dabei unterstützen, diese Momente wahrzunehmen? Die Antwort ist erst einmal einfach: Ihr könnt euch gegenseitig unterstützen. Und zwar, indem ihr euch gegenseitig nicht korrigiert, sondern einfach mal die Momente fließen lasst – ohne Ablenkungen, ohne Erwartungen, ohne Pläne und ohne Konsum. Auf diese Weise kann sich das frei entfalten, was man Gegenwärtigkeit nennt.

Das Leben aus dem Moment heraus

Wenn das so erstrebenswert ist, warum lebt dann gefühlt der Großteil der Welt anders? Wir haben uns einfach daran gewöhnt: Wenn wir essen, planen wir schon, was wir danach alles machen. Sobald wir aufstehen, rollen wir im Inneren die ganzen Schritte auf, die wir gehen werden. Natürlich sind Termine und Verpflichtungen manchmal notwendig, aber darum geht es gar nicht. Es geht darum, eins nach dem anderen zu machen, ganz bewusst, immer nur die eine Sache. Mit unserer ganzen Energie und Aufmerksamkeit. Und die beste Gelegenheit, das zu üben, ist, wenn wir noch nicht so ganz durchgetaktet sind. Also jetzt, während der Ferienzeit.

Wenn wir ganz im Moment sind, bleibt wenig bis gar kein Raum für Gedanken und Sorgen, die mit der Vergangenheit und Zukunft verbunden sind. Das ist ein großer Gewinn, denn Gedanken und Ängste halten uns oft ab, in den Moment einzutauchen, ihn voll anzunehmen, zu leben und präsent zu sein. Dabei wird das Leben so viel wahrhafter, wenn wir ganz nah beim gegenwärtigen Moment bleiben und bestenfalls noch das Schöne darin finden, die Freude und das kleine Glück. Viel Unzufriedenheit entsteht, weil wir immer genau da sein wollen, wo wir gar nicht sind. Das ist schade, denn egal ob wir 100 Jahre alt werden, unser Leben ist einzigartig und besonders, aber sehr kurz. Eigentlich ist es nur ein kurzes Aufflackern, wenn man sich anschaut, wie lange es das Universum gibt und geben wird.

Deshalb ist es so ein Geschenk, wenn wir früh genug erkennen dürfen, dass wir ein Teil der Ewigkeit sind, durch jeden Atemzug verbunden mit allem anderen. Wir sind jederzeit verbunden und immer Teil des Ganzen, und das macht es unmöglich, sich einsam zu fühlen. Ein Teil von uns gehört zur Ewigkeit, und das Leben, das wir geschenkt bekommen, ist dafür da, dass wir es genießen und uns daran erfreuen.

Die Übung und der Wille lohnen sich

Das Missverständnis bei Ritualen und Achtsamkeitsübungen ist manchmal, dass alle denken: Oh je, da kommen noch mehr Regeln und Verpflichtungen auf mich zu. Das ist der falsche Ansatz. Rituale sind keine lästigen Routinen, die uns »aufgebürdet« werden, sondern sie sind Stützen auf dem Weg der Veränderung, bis irgendwann vieles automatisch läuft und wir erkennen, was uns wirklich guttut. Bis wir spüren, dass wir freier sind, als wir denken. Bis wir wirklich wahrnehmen, dass unser inneres Wohlbefinden und unsere innere Ausrichtung ausschlaggebend dafür sind, wie wir durchs Leben gehen. Das ist eine Entscheidung.

Wie gesagt: Worte zu lesen ist das eine. Aber eigene Erfahrungen zu machen ist das Wichtigste. Und wenn die Intuition dann geschärft und authentisch ist, wissen wir genau, was uns guttut, was uns Energie gibt, was uns Energie raubt, wie wir vergeben, wie wir Konflikte lösen, wie wir unsere Bestimmung finden. Alles rastet dann ein und zeigt sich im Außen. Das Leben darf einfach sein.

Deswegen ist es nicht egal, wie unsere innere Welt aussieht. Deswegen ist es keine Zeitverschwendung, wenn wir jeden Tag aufs Neue in uns investieren, immer wieder neu Vertrauen fassen und mit offenen Herzen durchs Leben gehen. Wie wir die Gegenwart leben, bestimmt die Zukunft. Wie wir uns im aktuellen Moment ausrichten, ist entscheidend.

Allen, die noch tiefer in das Thema Gegenwärtigkeit eintauchen möchten, empfehle ich die Bücher des Weisheitslehrers Eckart Tolle (»Jetzt! Die Kraft der Gegenwart« und »Eine neue Erde«). Er beschreibt sehr verständlich und dogmenfrei, worauf es ankommt, wenn wir uns von den ewigen Gedankenkarussellen und wiederkehrenden Gefühlen befreien wollen.

Meine persönliche Erfahrung ist, dass die Entscheidung für mehr Bewusstheit wirklich entlastet, und dass es sich lohnt, Dinge anders zu denken und zu leben. Und vor allem auch den Schmerz zu fühlen, nachdem ich lange Gefühle unterdrückt und gegen meine eigene Wahrheit und wie ferngesteuert gelebt habe. Voll von den Erwartungen anderer, zu angepasst, zu nett, mit Angst, etwas falsch zu machen, mich zu zeigen und voller unnötiger Gedanken.

Für den Anfang hilft es, sich einfach zu sagen: Ab heute will ich die Dinge aus einer anderen Perspektive sehen, und ich versuche, mir darüber bewusst zu sein. Ich gehe Schritt für Schritt und spüre immer wieder meinen Körper, denn das ist der Teil von mir, der sich immer im Hier und Jetzt befindet. Und ich nehme mir bewusst Zeit wahrzunehmen, bevor ich reagiere. Ich entscheide mich, nicht aus dem Mangel, sondern aus der Fülle zu leben.

Achtsamkeits-Tagebuch

Für den heutigen Tag wäre es hilfreich, wenn wir viele Dinge, die uns in die Vergangenheit, Zukunft oder eine ganz andere Welt ziehen, einfach ausblenden. Das bedeutet: Digital Detox. Alles, was wir in den sozialen Medien lesen, kommt aus der Vergangenheit und ist darauf ausgerichtet, unsere Aufmerksamkeit zu erregen und zu halten. Das kann genau wie das Schauen von Serien und Filmen unterhaltsam sein, doch es ist in jedem Fall bewusster, ein schönes Buch zu lesen. Wenn wir lesen, bleibt Raum für die eigene Fantasie, und wir werden nicht mit Bildern oder anderen Reizen wie lauten Geräuschen überfrachtet. Auch Meditation kann Türen zu ganz zauberhaften Welten öffnen, lasst euch überraschen.

Unsere Idee ist es, dass ihr euch gemeinsam überlegt, welche Dinge ihr heute achtsam erleben wollt. Das kann ein Spaziergang sein oder auch das Mittagessen. Probiert mal aus, wie es sich anfühlt, wenn ihr beim Essen die ersten fünf Minuten schweigt und nur esst. Sonst nichts. Das Essen empfangen, wirklich schmecken und wertschätzen. Versuchen, dabei nicht allzu viel zu denken und den Körper auf dem Stuhl zu spüren.

Die Erwachsenen unter euch können ein Achtsamkeits-Tagebuch führen und sich darin notieren, was sie erleben. Natürlich dürft ihr auch mal probieren, beim Fernsehen achtsam zu bleiben und bewusst wahrzunehmen, wie lange es guttut und wann es kippt. Wann höre ich auf, mich selbst zu spüren, und wann beginnt das, was ich sehe, mich zu belasten? Fragen zur Reflexion am Ende des Tages könnten sein:

- Wann ist es mir heute leichtgefallen, ganz im Moment zu sein?
- Wie habe ich mich dabei gefühlt? Was hat mich unterstützt?
- Welche Momente führen mich weg von mir? Und warum?
- Wie kann ich diese Momente vermeiden?
- Welche neuen Erfahrungen habe ich gemacht?
- Was möchte ich gern beibehalten? Für mich und für die ganze Familie?

Gehmeditation

Liebes Menschenkind,

wie geht's und vor allem: Wie gehst du? Schnell? Langsam? Gern oder nicht so gern? Machst du große oder kleine Schritte? Trittst du sachte oder fest auf? Welche Schuhe magst du am liebsten?

Wenn vom Gehen die Rede ist, dann denken wir erst mal an Bewegung, aber wir können uns beim Gehen auch beruhigen und neu verankern. Vielleicht kennst ja du die Bilder von Menschen, die ganz regungslos dasitzen, weil sie meditieren. Wusstest du, dass man das auch im Gehen machen kann? Das nennt man dann Gehmeditation, und die werde ich dir heute beibringen.

Bitte gern einen Erwachsenen, einen Freund oder ein Geschwisterkind mitzumachen. Nehmt euch vor, nur zu gehen. Sonst nichts. Dabei versucht ihr, nicht zu denken, nicht zu quatschen, sondern nur die Füße auf dem Boden zu spüren.

Am besten geht ihr barfuß und sonst in euren Lieblingsschuhen. Du kannst einfach ein paar Schritte so achtsam gehen und dann nach einer Weile stehen bleiben und fühlen. Na, wie war das? Nur die Füße wahrzunehmen? Nur eine Sache zu machen? Wenn es dir gefallen, dich beruhigt, bestärkt oder dir Freude gemacht hat, dann denk mal daran, wie oft du am Tag gehst! Genau. Zur Toilette und zurück zum Beispiel. Du könntest aus jedem kleinen Gang ab und zu eine Meditation machen. Und wenn du irgendwo anhalten musst, etwa an einer roten Ampel, dann nutze den Augenblick auch, um mal deine Füße wahrzunehmen. Probiere es gern mal aus und erzähl von deinen Erfahrungen!

Deine Njóla

3. JANUAR

ZUSAMMENFASSUNG UND REFLEXION DER IDEEN FÜR DEN TAG

Für alle: Im Moment sein (den ganzen Tag): Nicht so einfach, oder? Welche Erfahrungen habt ihr gemacht? Was ist euch schwer- oder leichtgefallen? Und wie waren die Momente, in denen ihr euch ganz präsent gefühlt habt?

Für Erwachsene: Achtsamkeits-Tagebuch (ca. 15 Minuten): Hattet ihr Gelegenheit, ein paar Notizen zu machen? Wenn nicht, dann nehmt euch doch jetzt einen kleinen Moment, ein paar Stichpunkte festzuhalten.

Für Kinder: Gehmeditation (ein paar Minuten): Was hast du bei der Gehmeditation erlebt? Mochtest du die Übung? Möchtest du sie ab und zu mal wieder machen?

DIE ELFTE NACHT

4. JANUAR

Magische Momente jeden Tag erleben

Monat im kommenden Jahr: November
Positive Affirmation: »Mein Alltag verzaubert mich.«
Wiederkehrende Rituale: 11. Wunsch verbrennen, Räuchern, Traumtagebuch schreiben, Karte ziehen
Familienmoment des Tages: Sterne und Mond gucken
Ritual für Erwachsene: Mein zauberhafter Alltagsmoment
Idee von Elfe Njóla: Zähneputzen mit deinem Hörspiel

Die Rauhnächte sind eine besondere Zeit, wie ihr sicher schon festgestellt habt, doch jeder einzelne Tag und Moment kann genauso besonders sein, wenn ihr einige magische Momente in den Alltag integriert. Dabei möchten wir euch heute unterstützen.

In unserer Gesellschaft wird relativ stark unterschieden: Dies ist Arbeit, das ist Urlaub und das Freizeit. Und so fühlen wir uns manchmal unfrei oder arbeiten durchgetaktet auf die freien Tage hin. Doch wie bei vielem kommt es auf die innere Haltung an: Bin ich offen dafür, die Magie in meinem Leben zu sehen? Kann ich mich selbst und mein Dasein so annehmen, wie es ist, und mit Liebe und Freude im Herzen durch das Leben gehen?

Ein magisches Abend-Ritual

Um den Zauber um uns herum zu erleben, braucht es weder eine Reise noch Geld noch viel Zeit. Ich habe einmal mit meiner kleinen Nachbarin ein kleines Abend-Ritual begonnen – für zwei Wochen. Hamburg war in dieser Zeit mit einem besonders wolkenlosen Himmel gesegnet und die Sterne sowie der Mond klar zu sehen.

Als wir eines Nachmittags vom Spielplatz kamen, zeigte sie in den Himmel und fragte neugierig: »Was ist das?« Ich sagte: »Der Mond!« Aber ich wusste, dass natürlich noch viel mehr dazugehörte. Ich las mich also ein und fragte, ob ich die Kleine am Abend noch einmal kurz besuchen könnte.

Jeden Abend, bevor sie ihre Zähne putzte und ins Bett ging, holte ich sie noch einmal kurz ab. Ich wickelte sie in eine Decke, und wir schauten uns den Mond und die Sterne an. Wir winkten dem Mond, ich erzählte etwas über die Planeten und warum der Mond überhaupt leuchtet. Ich sagte ihr, dass der Mond immer da ist und die ganze Nacht für sie scheint – egal wann und wo. Immer. Und das fand sie gut.

Und für mich war es auch eine schöne Erfahrung. Ich bekam das Gefühl, dass ich nicht nur tagsüber im Sonnenlicht baden kann, um aufzutanken, sondern auch im Mondlicht. Darüber hatte ich vorher nie nachgedacht.

Sie wünschte dem Mond eine gute Nacht, und wir beide fragten uns, ob es eigentlich Herr oder Frau Mond ist. In den meisten Sprachen ist der Mond weiblich, nur bei uns heißt er der Mond. Und dann dachte ich: Ist egal. Der Mond ist der Mond, er wird wie wir auch männliche und weibliche Qualitäten haben.

Der Mond zeigte sich anfangs noch als eine schmale Sichel, doch Tag für Tag erlebten wir, wie der Mond wuchs und heller werdend am Himmelszelt wanderte. Das weiß man alles, doch wer hat es mal einen Zyklus lang miterlebt? Wir beide freuten uns immer schon den ganzen Tag auf diesen Moment voller Magie und Verbundenheit. Dabei waren es nur zehn Minuten, die sich wie eine wunderbare Ewigkeit anfühlten!

Die Kleine bekam ein Gefühl dafür, was es um sie herum noch alles gibt und dass manches sich verlässlich ändert. Und ich sah durch ihre Augen, wie es sich anfühlen muss, wenn man die Welt um sich herum zum ersten Mal entdeckt und begreifen will. Dabei ist die Fantasie sogar nützlicher als Wissen, denn wie Albert Einstein in seinem bekannten Zitat schon feststellte: »Fantasie ist wichtiger als Wissen, denn Wissen ist begrenzt.«

Doch wie unfassbar ist es eigentlich, wenn man sich vorstellt, dass wir verglichen mit dem Jupiter nur ein winziger Planet sind und dass die Milchstraße nur ein Sternenwirbel in einem unendlichen Raum ist. Dagegen kamen mir meine Alltagssorgen mikroskopisch klein vor. Was ist schon eine nervige Mail, die mir so viel Aufmerksamkeit und Energie rauben kann, im Vergleich zum Wunder des Lebens? Kann man das in Relation setzen? Vielleicht. Immerhin hatte ich in den Jahren zuvor mehr in mein Mailpostfach geschaut als in den Himmel.

Als die Sterne und der Mond eine Nacht mal nicht zu sehen waren, suchten ihre Äugelein aufgeregt den Himmel ab, und sie sagte traurig: »Ohhh, nein!« Ich konnte nur sagen: »Der Mond ist trotzdem da.« Doch erst als am nächsten Abend wieder alles zu sehen war, glaubte sie mir, dass der Mond immer da ist – auch wenn sie ihn mal von der Erde aus nicht sieht. Eine kleine, aber nicht unwichtige Erfahrung, wie ich finde.

Als dann der Höhepunkt nahte, Vollmond, beschlossen wir, eine Mondparty zu feiern. Wir zündeten eine Kerze an und suchten den Himmel nach dem Mond ab: Nichts zu sehen, trotz klarer Nacht! Auch ich wurde ein bisschen aufgeregt, wir liefen gemeinsam mit ihrer lieben Mutter ein paar Straßen ab, die Kleine fragte immer wieder: »Wo ist der Mond?« Ihre Mama schrieb sogar dem Vater ins Fußballstadion, ob er den Mond sehen könne, und prompt kam ein Foto: Er hatte ihn schon entdeckt. Auch wir Erwachsenen bekamen plötzlich ein neues Bewusstsein für den Blick in den Himmel, während wir darauf warteten, dass der Mond auch für uns aufging.

Alles ist in Bewegung und Veränderung, immerzu. Und das ist okay. Als wir den Mond dann endlich entdeckten, strahlte er heller als je zuvor. Wir sangen »Happy Birthday, lieber Mond«, und die Kleine durfte die Kerze auspusten. Ein wunderbares Finale.

Wenn man so ein Ritual beginnt, ist es sehr wichtig, auch ein Ende und einen Abschied zu finden, wenn man es nicht jeden Abend fortführen kann. Deshalb bekam sie am nächsten Tag noch einmal einen Brief vom Mond mit einem kleinen Bild von ihm – als eine Erinnerung an eine magische gemeinsame Zeit. Und natürlich die Erinnerung: Ich leuchte immer weiter – für dich und alle anderen Menschen, Tiere und Pflanzen auf der Erde.

Ihr ahnt vermutlich schon, was unser Vorschlag für heute ist: Probiert dieses kleine Ritual doch gern mal aus! Und wenn es euch gefällt, dann startet im kommenden Jahr bei zunehmendem Mond eine längere Beobachtungsphase. Die Mondphasen findet man in vielen Kalendern, gerade auch in digitalen, wo man das einstellen und sie im Blick behalten kann – unsere Vorfahren mussten dafür tatsächlich in den Himmel schauen.

Zauberhafter Alltag

Nun ist eure Fantasie gefragt, liebe Erwachsene. Setzt euch zusammen, um euer Kind/die Kinder zu überraschen, und überlegt euch, wie ihr den Familienalltag noch zauberhafter machen könntet. Wo gibt es dafür Platz und Raum – und wann? Und was könnte für euch alle, euch als Paar, euch allein oder nur die Kinder einen magischen Moment erschaffen?

Wie gesagt: Es muss weder teuer noch zeitintensiv sein. Im Gegenteil: Ein Planetarium kostet Eintritt, ein Zoo kostet Eintritt – doch Sterne und Tiere gibt es immer auch in unserer direkten Umgebung. Unter meiner Fußmatte im Garten leben zum Beispiel allerlei Spinnen und Schnecken. Die Kinder, die mich besuchen, nennen es den Zoo. Man könnte sich natürlich ekeln und alle Spinnen und Schnecken wegfegen. Doch ich lasse es so und habe schon lustige Momente verbracht, den Kindern mit den Spinnen und Schnecken zuzusehen. Immerhin sind diese Tiere heimisch und können in ihrer Umgebung erlebt werden. Und warum sollte eine Spinne langweiliger sein als ein Löwe? Schon mal gesehen, wie sie ein Netz spinnt und auf Beutefang geht?

Hier kommen noch ein paar Ideen wie ihr Raum für magische und abenteuerliche Momente schaffen könnt:

RAUM FÜR MAGIE IM ALLTAG

1. Was in meiner nahen Umgebung gibt es zu entdecken? Ein Stück besondere Natur, Menschen, Tiere?
2. Was findet ihr als Familie besonders zauberhaft? Was zaubert euch ein Lächeln ins Gesicht?
3. Wie könnt ihr einen altbekannten Ort aus einem neuen Blickwinkel betrachten? Was lebt eigentlich auf dem Boden?
4. Wie und wo könnt ihr die Veränderung der Natur besonders gut betrachten und erleben?
5. Was könnt ihr an euch selbst und an euren Liebsten neu entdecken, was euch verzaubert? Ein neues Talent, eine besondere Seite?

Zähneputzen-Ritual

Liebes Menschenkind,

hör mal gut zu, ich will dir etwas ins Ohr flüstern: Du bist zauberhaft! Ja, das bist du. Ganz wunderbar und besonders. Niemand sonst ist so wie du. Du bist einzigartig und du wirst geliebt. Und das Beste daran ist: Du brauchst dafür nichts zu machen. Du wirst geliebt, einfach so. Denk nicht, dass du dafür anders sein solltest. Im Gegenteil: Du bist so, wie du bist, am allerbesten. Sobald du dich verstellst, irgendwie das Gefühl hast, anders sein zu müssen oder zu wollen, dann geht etwas von deinem Glanz und Zauber verloren. Du bist so, wie du bist, wunderbar und bereits unendlich geliebt. Und damit du das nicht vergisst, verzaubern wir nun einen Alltagsmoment in einen magischen Moment: das Zähneputzen! Ja, genau! Das machst du eh jeden Tag, und vielleicht ist es dir auch manchmal lästig, dabei ist es auch schon magisch, dass du die Kariesmonster wegputzen kannst. Einfach so, mit einer einfachen Zahnbürste!

Bitte deine Familie, dir eine Sprachnachricht aufzunehmen, in der sie dir sagt, wie wunderbar und zauberhaft du bist und warum. Sie sollte nicht länger als drei Minuten sein – eben so lange, wie du dir die Zähne putzt. Dann kannst du sie dir beim Zähneputzen immer wieder anhören und weißt genau: Solange diese tollen Worte zu hören sind, putze ich. Danach bin ich fertig und kann von Liebe verzaubert ins Bett gehen.

Denn das Geheimnis kennst du bestimmt auch längst: Liebe kann verzaubern, verwandeln und alles einfach nur magisch machen. Denk nur, wie viel Kraft ein kleines Küsschen haben kann. Damit kannst du jemanden, der traurig ist, schlagartig glücklich machen oder ein Lächeln ins Gesicht zaubern. Also, gib die Liebe weiter. Liebe und Freude sind immer stärker als alles andere.

Von Herzen, ein Küsschen,
Deine Njóla

4. JANUAR

ZUSAMMENFASSUNG UND REFLEXION DER IDEEN FÜR DEN TAG

Für alle: Sterne und Mond beobachten (so lange ihr den Kopf im Nacken behalten könnt): Welche Sterne habt ihr entdeckt? In welcher Phase ist der Mond? Habt ihr eine Sternschnuppe gesehen?

Für Erwachsene: Raum für zauberhafte Alltagsmomente erschaffen (ca. zehn Minuten): Welche wundervolle Idee ist euch gekommen, und habt ihr sie gleich ausprobiert?

Für Kinder: Ich bin zauberhaft! (drei Minuten): Hat dir das Zähneputzen mit Hörspiel gefallen? Und was findest du selbst eigentlich zauberhaft an dir?

DIE ZWÖLFTE NACHT

5. JANUAR

Abschluss und Übergang in den Alltag

Monat im kommenden Jahr: Dezember
Positive Affirmation: »Ich gehe mit Dankbarkeit und Freude durch das Jahr.«
Wiederkehrende Rituale: 12. Wunsch verbrennen, Räuchern, Traumtagebuch schreiben, Karte ziehen
Familienmoment des Tages: Den 13. Wunsch erfüllen und Asche in den Fluss bringen
Ritual für Erwachsene: Eure Souvenirs
Idee von Elfe Njóla: Schatzkiste anschauen

Bald ist unsere diesjährige Reise durch die Rauhnächte zu Ende, und das Jahr beginnt mit allem, was für euch ansteht.

Aber keine Sorge: Wir bereiten uns heute auf die Rückkehr in den Alltag vor und reflektieren noch einmal, was wir in den vergangenen Tagen gelernt und erlebt haben. Und dann schauen wir, welche Souvenirs wir mit in den Alltag nehmen können. Denn es wäre ja schade, wenn nicht ein bisschen von dem, was euch Freude und Ruhe geschenkt hat, erhalten bliebe.

Übrigens endet die Weihnachtszeit eigentlich erst 40 Tage nach Weihnachten mit Mariä Lichtmess am 2. Februar bzw. dem Mondfest Imbolc der Kelten und dem Brauch, an diesem Tag Kerzen zu weihen, damit sie einem das Jahr über Glück bringen. Eine schöne Idee, die man doch wiederaufleben lassen könnte. Ihr wisst ja jetzt, was man so für ein Ritual braucht.

Falls euch also der Abschied schwerfällt, dann denkt einfach daran, dass die besinnliche Zeit in eine Verlängerung gehen kann. Das Schöne ist, wenn wieder mehr Termine und Verpflichtungen den Alltag bestimmen, kann man die ruhigen und bewussten Zeiten noch mehr genießen und alles anwenden, was man gelernt hat.

Mein eigener Wunsch

Was ihr heute allerdings noch tun dürft, ist etwas ganz Besonderes: Ihr seht nun, welches eurer 13. Wunsch ist. Der Wunsch, der noch übrig ist und den ihr euch selbst erfüllt – nicht unbedingt sofort, aber ihr dürft alles dafür tun, dass er in diesem Jahr wahr wird.

Dann könnt ihr euch gemeinsam auf den Weg machen und einen schönen Ort finden, wo ihr die Asche eurer zwölf Wünsche in den Fluss bringt. Also, buchstäblich! In ein fließendes Gewässer in der Natur! Den 13. Wunsch könnt ihr verbrennen oder aufbewahren, bis er sich erfüllt hat.

Dann dürft ihr die zwölf Wünsche aus den Rauhnächten ruhen lassen und darauf vertrauen, dass sie sich im Leben realisieren. Das ist mitunter gar nicht so leicht. Aber ohne euer Vertrauen, den tiefen Glauben daran, wird es nichts. Das ist und bleibt eure Aufgabe: Erlauben, dass alles Gute zu euch fließen darf. Das passiert oft auf eine Weise, die wir nicht kontrollieren können, aber das macht die Überraschungen, die das Leben so mit sich bringt, umso schöner. Und den Prozess dorthin sollten wir mit Freude annehmen.

Die Souvenirs der Reise

Gold, Weihrauch und Myrrhe brachten die Heiligen Könige als Geschenke mit. Auch wir haben während der Rauhnächte Geschenke gesammelt und können sie uns jetzt noch einmal genauer anschauen:

- Geht euer Tagebuch durch und lest noch einmal, was ihr euch aufgeschrieben habt. Welche Träume, Erkenntnisse und Erlebnisse waren besonders präsent? Was nehmt ihr mit?
- Schaut euch das Visionsboard oder Familienmotto noch einmal an und findet dafür einen gut sichtbaren, schönen Platz (falls ihr es noch nicht getan habt).
- Wiederholt gern eure Lieblingsmeditation aus den vergangenen Tagen.

- Überlegt, was genau ihr mit in den Alltag nehmen möchtet und wie. Es ist gut, es sich einzuplanen, damit es nicht untergeht: Welche Übung? Welche positive Affirmation? Welches Ritual?
- Schreibt auf, für welche Momente auf der Rauhnacht-Reise ihr dankbar wart. Und möchtet ihr noch weiter reflektieren?
- Haltet auch fest, was noch nicht so gut lief und euch schwergefallen ist, und bittet einfach um Unterstützung. Dann werden sich euch Lösungen und Hinweise zeigen.

Und ich habe auch noch ein Geschenk für euch: eine abschließende Meditation, die euch direkt in euer Herz führt, damit ihr das neue Jahr von diesem Ort leben könnt: »Die Freude im Herzen spüren«. Ihr findet sie als Download (siehe S. 233) und könnt sie über das Jahr so oft anhören, wie ihr möchtet. Viel Freude dabei!

Deine Schatzkisten-Souvenirs

Liebes Menschenkind,

ich bin so stolz auf dich! Ich freue mich, dass wir zusammen ins neue Jahr gereist sind und so viele kleine Abenteuer erlebt haben. Es war schön mit dir, und es geht weiter. Schau mal in deine Schatzkiste, was du da alles angesammelt hast: ein Schutzsymbol, magische Dinge und Bilder. Und dann sind da ja noch die ganzen Erlebnisse, die man gar nicht in einer Kiste festhalten kann. Was auch immer es ist, es ist dein Schatz – und er bleibt dir erhalten. Vielleicht möchtest du einmal die schönsten Momente aufmalen, aufschreiben oder deinen Eltern erzählen? Das könnt ihr dann immer mal wieder machen. Die Schatzkiste kannst du das ganze Jahr über befüllen. Die Reise muss gar nicht hier aufhören, sie kann gerade erst beginnen, wie dieses neue Jahr. Und auch ich bleibe sehr gern an deiner Seite. Immer wenn du ein bisschen Abwechslung und Freude brauchst, dann ruf mich, und ich kitzele dich an deiner Nasenspitze oder setze mich auf deine Schulter. Versprochen! Vergiss nicht: Du bist wunderbar, zauberhaft und einzigartig!

Von Herzen,
Deine Njóla

5. JANUAR

ZUSAMMENFASSUNG UND REFLEXION DER IDEEN FÜR DEN TAG

Für alle: 13. Wunsch und Asche in den Fluss bringen (ca. 30 Minuten): Dieses Ritual ist das Ende und der Anfang zugleich. Wie hat es sich angefühlt? Spürt ihr die Vorfreude auf ein magisches neues Jahr?

Für Erwachsene: Souvenirs einsammeln (ca. 15 Minuten): Schaut, wie reich ihr euch selbst beschenkt habt. Wundervoll. Danke fürs Mitmachen!

Für Kinder: Souvenirs in der Schatzkiste anschauen (ca. zehn Minuten): So viele Schätze! Und du hast sie alle selbst gesammelt. Du kannst so stolz auf dich sein!

Ankommen und Ausklang

Willkommen zurück im Alltag! Ich hoffe, die Reise durch die Rauhnächte hat euch inspiriert und auch ein wenig verzaubert. Danke noch einmal für das Vertrauen und das Mitmachen. Und wie gesagt: Ein Ende ist auch immer ein Neuanfang. Nun geht es umso mehr darum, den Alltag mit der Auszeit zu verbinden, das Magische ins Leben zu holen, jeden Tag, auf eure Art. Es darf dabei leicht und einfach sein.

Ihr habt in den vergangenen Tagen, so hoffe ich, einige neue Erfahrungen gemacht, Einsichten gewonnen und in einzelnen Momenten gespürt, was es bedeutet, bewusster und achtsamer zu leben. Was es heißt, die Balance zwischen Ruhe und Bewegung zu finden. Und ihr seid euch selbst und untereinander bestenfalls ein Stück nähergekommen.

Ich bin davon überzeugt, dass es sehr wichtig ist, wenn wir als Menschheit wachsen wollen, zu unseren Wurzeln zurückzukehren und bewusst zu leben. Damit wir erkennen, wer wir wirklich sind und im Einklang mit der Natur und den Mitmenschen leben können. In Frieden und in Freude. Und mit einem Funken Magie. Wer aus dieser Energie handelt, bringt etwas wirklich Gutes in die Welt.

Es gibt übrigens noch mehr wunderbare Tage im Jahr als die Rauhnächte: Jeder Vollmond kann ein Fest sein, ihr könnt in der Nacht zum 1. Mai, der Walpurgisnacht, wie Hexen auf euren Besen reiten (eine Idee von Njóla!), und sicherlich habt ihr auch eure ganz persönlichen Feiertage: Geburtstage, Jubiläen und alle Jahrestage. Es ist sehr erfüllend, alle Anlässe gebührend und auf die eigene Art zu feiern. Jeden Tag wieder neu zu begrüßen und das Leben zu einem Fest zu machen – insbesondere, wenn es gerade mal nicht so gut läuft. Wir haben jeden Tag die Chance, wieder neu zu starten. Und noch einmal zur Erinnerung: Unsere innere Welt beeinflusst bestenfalls die äußere, nicht umgekehrt.

Teilt eure Erfahrungen, lebt sie und macht gern nächstes Jahr wieder mit bei der magischen Reise durch die Rauhnächte. Die Übungen werden sich anders anfühlen, denn ihr seid schließlich schon wieder ein Jahr weiter in eurem wunderbaren Leben.

Ich und natürlich Njóla wünschen euch bis dahin eine erfüllte Zeit mit ganz vielen überraschenden Momenten. Alles Liebe!

Herzlich,
Christine mit Njóla

Danksagung

Ein Buch schreibt man nie allein. Deswegen möchte ich mich von Herzen bei allen bedanken, die mich unterstützt haben. An erster Stelle nenne ich selbstverständlich die Elfe Njóla, die dieses Buch und die Gestaltung so zauberhaft gemacht hat. Du bist eine treue und liebevolle Begleiterin mit reinem Herzen voller Freude. Du hast mir jeden Moment gezeigt, dass es leicht und freudvoll sein kann, stundenlang am Schreibtisch zu sitzen. Danke auch an Island und alle Menschen und Inspirationen, denen ich dort begegnen durfte. Schön, dass es so besondere Kraftorte auf der Erde gibt, die mich immer wieder daran erinnern, was Freiheit bedeutet.

Dann möchte ich allen Kindern danken, denen ich in meinem Leben begegnet bin. Ihr bringt mir so viel Freude und habt durch euer Vertrauen und eure Offenheit auch mein Herz geöffnet. Ihr seid zauberhaft, und ich genieße jeden Augenblick mit euch, weil ihr authentisch im Moment lebt. Besonders danke ich meiner kleinen Freundin Alena, die während des Schreibens fast jeden Tag zu Besuch war und mit mir ein Buch über Elfen gelesen hat. Du bist mein Herzchen! Zu den Helferinnen gehören auch meine inneren Kinder, vor allem mein magisches Kind, das mir den Zugang zu dem Unsichtbaren gezeigt hat. Du bist besonders!

Ich danke meinen Lektorinnen Jennifer Grünwald und Stella Christiansen sowie dem Goldmann Verlag für die wirklich tolle Unterstützung und Begleitung. Danke!

Und ich freue mich, so wunderbare Menschen an meiner Seite zu haben, die mich immer wieder motivieren, an mich glauben und die sich trauen, ein magisches Leben zu führen, das aus so manchen Rollen und Vorstellungen fällt.

Ich danke meinen Freund:innen und meiner Familie, meiner Oma und meinem Opa, die mir ihre Kreativität, Weisheit, Stärke und das Durchhaltevermögen dagelassen haben, als sie gegangen sind.

Meditationen als Download-Option

Die Meditationen aus diesem Buch findet ihr zum Anhören online und als Gratis-Download-Option auf dieser Seite:

www.penguinrandomhouse.de/dohler-kinder

- Meditation zur Einstimmung: »Seelenruhe«
- Meditation zum Jahreswechsel: »Innere Neuausrichtung«
- Meditation zum Abschluss: »Die Freude im Herzen spüren«

Quellen- und Literaturverzeichnis

VORWORT

- Ein schönes Buch mit vielen Bildern über Elfen ist: Emily Hawkins und Jessica Roux: »Das große Handbuch der Elfen«, Prestel 2020.

WAS SIND DIE RAUHNÄCHTE?

- Eine detaillierte Übersicht der regional unterschiedlichen Bräuche sind u. a. in diesem Buch zu finden: Nadine Stegelmeier: »Rauhnächte: Die schönsten Rituale«, Camino 2020.
- Eine Art Standardwerk zu den Rauhnächten ist Elfie Courtenay: »Rauhnächte. Die geheimnisvolle Zeit zwischen den Jahren«, Heyne 2020.

DIE BEDEUTUNG VON RITUALEN

- Achter Familienbericht der Bundesregierung: www.bmfsfj.de/bmfsfj/service/publikationen/zeit-fuer-familie-achter-familienbericht-74968
- Mehr Infos zur Online-Reise durch die Rauhnächte auf: www.cacao-ritual.de

- Ein ausführlicher und übersichtlicher Ratgeber zum Thema Räuchern zu allen Jahreszeiten und diversen Anlässen ist: Adolfine Nitschke: »Heilsames Räuchern mit Wildpflanzen«, Goldmann 2021.

25. DEZEMBER: IN DER STILLE ANKOMMEN

- Saundra Dalton-Smith über die verschiedenen Arten der Ruhe und Erholung in »Sacred Rest. Recover Your Life, Renew Your Energy, Restore Your Sanity«, FaithWords 2017.
- Eine geführte Anleitung Yoga Nidra gibt es zum Download auch hier: www.cacao-ritual.de

26. DEZEMBER: LIEBE UND MITGEFÜHL

- Märchen der Lakota (Nordamerika) von den zwei Wiesenmäusen aus: »Kindermärchen aus aller Welt«, Djamila Jaenike, © Mutabor Verlag 2018

29. DEZEMBER: ERINNERUNG AN FORDERNDE MOMENTE

- Gefühlskarten sind zum Beispiel: »Erzähl doch mal von dir!«: Wie sich Ihr Kind öffnet – Kindercoaching für den Alltag – 75 Impulskarten mit Begleitbuch für 3- bis 10-Jährige, Ariston 2017.

Register